大学思政研究丛书

本书为国家级一流专业、重庆市“思想政治教育”特色专业建设项目、重庆市大中小学思想政治教育一体化建设共同体（西南政法大学）成果，受重庆市高等学校马克思主义理论重点学科经费资助

高校思想政治教育专业建设论纲

朱海嘉　高建民　陈青山●编著

四川大學出版社
SICHUAN UNIVERSITY PRESS

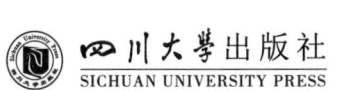

图书在版编目（CIP）数据

高校思想政治教育专业建设论纲 / 朱海嘉，高建民，陈青山编著. -- 成都：四川大学出版社，2024.8
（大学思政研究丛书）
ISBN 978-7-5690-6784-2

Ⅰ.①高… Ⅱ.①朱… ②高… ③陈… Ⅲ.①高等学校—思想政治教育—学科建设—研究—中国 Ⅳ.
①G641

中国国家版本馆CIP数据核字（2024）第078098号

| 书　　名：高校思想政治教育专业建设论纲
Gaoxiao Sixiang Zhengzhi Jiaoyu Zhuanye Jianshe Lungang
编　　著：朱海嘉　高建民　陈青山
丛　书　名：大学思政研究丛书

丛书策划：庞国伟　梁　平
选题策划：李　梅　梁　平
责任编辑：李　梅
责任校对：吴　丹
装帧设计：裴菊红
责任印制：李金兰

出版发行：四川大学出版社有限责任公司
　　　　　地址：成都市一环路南一段24号（610065）
　　　　　电话：（028）85408311（发行部）、85400276（总编室）
　　　　　电子邮箱：scupress@vip.163.com
　　　　　网址：https://press.scu.edu.cn
印前制作：四川胜翔数码印务设计有限公司
印刷装订：成都金龙印务有限责任公司

成品尺寸：170 mm×240 mm
印　　张：9.75
字　　数：203千字
版　　次：2024年11月 第1版
印　　次：2024年11月 第1次印刷
定　　价：58.00元

本社图书如有印装质量问题，请联系发行部调换

版权所有 ◆ 侵权必究

扫码获取数字资源

四川大学出版社
微信公众号

前　　言

2022年是党的二十大的召开之年，2023年是全面建设现代化国家的开局之年。著者在西南政法大学马克思主义学院支持下，完成了本书的编撰及出版。

习近平总书记指出，教育强则国家强。高等教育发展水平是一个国家发展水平和发展潜力的重要标志。实现中华民族伟大复兴，教育的地位和作用不可忽视。我们对高等教育的需要比以往任何时候都更加迫切，对科学知识和卓越人才的渴求比以往任何时候都更加强烈。党中央作出加快建设世界一流大学和一流学科的战略决策，就是要提高我国高等教育发展水平，增强国家核心竞争力。[①] 习近平总书记对高等教育工作的论断高屋建瓴、内涵丰富、意义深远。

中国特色社会主义进入新时代，我国发展进入新的历史方位。党的二十大提出，要高举中国特色社会主义伟大旗帜，全面贯彻新时代中国特色社会主义思想，弘扬伟大建党精神，自信自强、守正创新，踔厉奋发、勇毅前行，为全面建设社会主义现代化国家、全面推进中华民族伟大复兴而团结奋斗。[②]"从现在起，中国共产党的中心任务就是团结带领全国各族人民全面建成社会主义现代化强国、实现第二个百年奋斗目标，以中国式现代化全面推进中华民族伟大复兴。"[③] 中国式现代化的目标为探索高等教育现代化的道路指明了方向。党的二十大报告也明确指出，教育、科技、人才是全面建设社会主义现代化国家的基础性、战略性支撑。要坚持教育优先发展、科技自立自强、人才引领驱动，加快建设教育强国、科技强国、人才强国，坚持为党育人、为国育才，全

[①]《习近平谈教育发展：教育兴则国家兴，教育强则国家强》，http://cpc.people.com.cn/n1/2018/0910/c164113-30282062.html。

[②] 习近平：《高举中国特色社会主义伟大旗帜 为全面建设社会主义现代化国家而团结奋斗——在中国共产党第二十次全国代表大会上的报告》，https://www.gov.cn/xinwen/2022-10/25/content_5721685.htm。

[③]《中国式现代化是党领导人民长期探索和实践的重大成果》，http://www.qstheory.cn/wp/2024-07/03/c_1130173678.htm。

面提高人才自主培养质量，着力造就拔尖创新人才，聚天下英才用之。① 百年大计，教育为本。教育在国民经济和社会发展中起到基础性、战略性支撑作用。高校作为科技第一生产力、创新第一动力的重要结合点，为国家现代化进程服务，使命光荣，责无旁贷。② 发展高等教育是民族复兴的基础。作为教育体系顶端的高等教育，担负着凝练办学特色，提升人才培养质量，优化人才培养体系的重要使命。不断提升高等教育质量，培养高素质的专门人才，已成为当前高校最为重要和迫切的任务。

回顾历史，1999 年以来，我国推动高等教育的增量改革。经过一段时间的外延式和规模型扩张，截至 2022 年，我国各种形式的高等教育在学总规模已超过 4655 万人，高等教育毛入学率达到 59.6%。③ 目前，我国高等教育已进入大众化和普及化的新阶段，基本满足了广大人民群众接受高等教育的需求，同时也提升了适龄青年的科学文化素养。这些成就为我国向高等教育强国迈进的战略目标奠定了坚实的基础。

随着高等教育规模的快速扩张，提升高校办学质量已成为当务之急。一些地方高校面临诸多问题，如师资短缺、学科专业和课程设置与社会需求不匹配、盲目扩张校园建设导致资源紧张等。特别是当前大学生就业难的问题，反映出高校专业设置与市场需求之间的结构性错位，与我国经济社会发展的需求不相符，亟须改进和提升。

当前，国家对高等教育的需要比以往任何时候都更加迫切，对科学知识和卓越人才的渴求比以往任何时候都更加强烈。④《国家中长期教育改革和发展规划纲要（2010—2020 年）》指出：要提高人才培养质量，牢固确立人才培养在高校工作中的中心地位，着力培养信念执着、品德优良、知识丰富、本领过硬的高素质专门人才和拔尖创新人才；加大教学投入，把教学作为教师考核的首要内容，把教授为低年级学生授课作为重要制度；同时，要优化结构，办出特色，适应国家和区域经济社会发展需要，建立动态调整机制，不断优化高等教育结构；优化学科专业、类型、层次结构，促进多学科交叉和融合，重点扩

---

① 习近平：《高举中国特色社会主义伟大旗帜 为全面建设社会主义现代化国家而团结奋斗——在中国共产党第二十次全国代表大会上的报告》，人民出版社，2022 年，第 33~34 页。
② 王顺洪：《以高质量发展书写中国式现代化的高等教育答卷》，《中国高等教育》，2022 年第 24 期，第 1 页。
③ 施雨岑、王鹏：《2022 年我国高等教育在学总规模达到 4655 万人》，https：//www．gov．cn/xinwen/2023—03/23/content_5747983．htm。
④ 贺祖斌：《中国式现代化指引高等教育体系的构建》，《中国高等教育》，2022 年第 24 期，第 4 页。

大应用型、复合型、技能型人才培养规模。①党的二十大报告提出，要办好人民满意的教育。教育是国之大计、党之大计。培养什么人、怎样培养人、为谁培养人是教育的根本问题。②教育是培养人才、推动创新、实现科技自立自强的基础性事业，具有战略性意义，必须优先发展。习近平总书记在全国教育大会上指出，要努力构建德智体美劳全面培养的教育体系，形成更高水平的人才培养体系。要把立德树人融入思想道德教育、文化知识教育、社会实践教育各环节，贯穿基础教育、职业教育、高等教育各领域，学科体系、教学体系、教材体系、管理体系要围绕这个目标来设计，教师要围绕这个目标来教，学生要围绕这个目标来学。③按照党和国家的教育方针政策的指引，教育是培养人的社会实践活动，其根本任务在于培养和塑造人。培养能够担当民族复兴大任的时代新人，培养德智体美劳全面发展的社会主义建设者和接班人，是新时代高等教育人才培养的目标和方向。

为贯彻落实党的十九大与党的二十大精神，贯彻实施国家和重庆市中长期教育发展规划纲要，打造长江上游科技和教育中心，着力推进科教兴市、人才强市建设，以科技创新赋能产业发展，办好人民满意的教育，加快建设国家吸引和集聚人才平台，④重庆市教育委员会、重庆市财政局决定实施重庆市高等学校"三特行动计划"（特色专业、特色学科、特色学校），引导高校进一步明确本科人才的培养目标，推动高校内部协同创新和深化产学研结合，走内涵式发展和特色发展的道路；促进高等教育在规模、结构、质量、效益上的协调发展，全面提升重庆市高等教育的质量。重庆市高等学校的总体建设思路是：以现有的市级和国家级特色专业或学校重点建设的优势专业为基础，重点支持建设一批社会评价高、基础扎实、建设效果好、特色优势明显，且与地方经济、社会发展和战略性新兴产业发展需求高度契合的专业和学科专业群，打造一批优势突出、影响力强的高校。

2015年11月，西南政法大学马克思主义学院思想政治教育专业成功入选

---

① 《国家中长期教育改革和发展规划纲要（2010—2020年）》，https://www.gov.cn/jrzg/2010-07/29/content_1667143.htm。
② 习近平：《高举中国特色社会主义伟大旗帜 为全面建设社会主义现代化国家而团结奋斗——在中国共产党第二十次全国代表大会上的报告》，https://www.gov.cn/xinwen/2022-10/25/content_5721685.htm。
③ 习近平：《坚持中国特色社会主义教育发展道路 培养德智体美劳全面发展的社会主义建设者和接班人》，http://www.xinhuanet.com/politics/leaders/2018-09/10/c_1123408400.htm。
④ 《中国共产党重庆市第六届委员会第二次全体会议决议》，http://www.ybq.gov.cn/sy_263/tt/202212/t20221222_11411214.html。

重庆市本科高校"三特行动计划"建设序列，成为省部级特色专业，迈上了专业平台建设的新台阶；2019年6月，西南政法大学思想政治教育专业入选重庆市本科高校一流专业建设序列；2021年，西南政法大学思想政治教育专业获批国家级一流本科专业建设点。

高校思想政治教育专业是一级学科"马克思主义理论"下的二级专业，具有政治引领性与思想教育性融合，是一门服务于国家意识形态和社会治理的特殊专业，亦是一门实践性很强的专业。新时代，新气象，紧密对接国家战略需求，是西南政法大学的时代责任。西南政法大学持续增强服务国家重大战略的能力，以思想政治教育一流专业建设项目为平台，以培养学生的综合素质为旨归，打造了一支以中青年教师为主体的教学科研团队，积极发表教研成果，成为高校思想政治教育专业人才培养模式改革的亮点。中国特色社会主义已进入新时代，高校发展只有积极拥抱新时代，才能有所作为。新时代，新征程，推动构建思想政治教育专业育人体系，必须紧扣"培养什么人、怎样培养人、为谁培养人"这个根本问题。

新时代党和国家围绕思想政治工作建设，相继召开了全国高校思想政治工作会议、全国教育大会等重要会议，先后印发了《普通高等学校马克思主义学院建设标准》（2017年本、2019年本、2023年本）、《普通高等学校本科专业类教学质量国家标准》（2018年）、《关于进一步加强和改进新形势下高校宣传思想工作的意见》（2015年）、《关于加强和改进新形势下高校思想政治工作的意见》（2017年）、《关于深化新时代学校思想政治理论课改革创新的若干意见》（2019年）、《关于新时代加强和改进思想政治工作的意见》（2021年）等系列文件，对思想政治教育的教育教学、思想政治工作体系、思想政治工作质量、思想政治工作实践等作了明确的规定，力争建成人才培养目标明晰、质量标准健全、运行科学有效、资源保障有力、人才培养成效显著的高校思想政治教育专业体系。

思想政治教育专业的职业定位较为宽泛。在国家治理与社会多元发展的背景下，思想政治教育的社会功能不断彰显，各类思想政治教育理论与实践，在价值引导、理论向导和实践指导下，主动服务国家与地方经济社会发展。例如，通过开展思想政治教育，为社会上的各种群体和个体提供人文关怀、思想引导和心理疏导等服务。①

---

① 程开华：《高校思想政治教育学科社会服务论析》，《学校党建与思想教育》，2022年第17期，第20页。

西南政法大学以特色专业建设为契机，主动对接国家和重庆市重大战略需求，以全新的教育理念为指导，改革人才培养模式，让思想政治教育专业在课程体系与人才培养等方面形成鲜明特色，不断创新教学方式，汇聚优质教学资源，促进专业建设和谐发展。

西南政法大学以特色专业建设为抓手，努力建构一条扎根中国、面向世界、面向未来的高水平新型特色大学之路，一条超越"大而全"、实现"特而优"的探索之路，一条适应学校发展实际、引领学校再谱新篇的振兴之路。[①]

本书是在西南政法大学马克思主义学院党政领导的关怀下，由马克思主义学院朱海嘉、高建民、陈青山等青年教师编写的高校思想政治教育专业建设的论纲。从理论意义上讲，本书通过对高校思想政治教育专业属性、定位、建设体系以及实践育人、学生职业规划的探讨，提出了高校思想政治教育专业建设的路径，引导从事高校思想政治教育专业建设的教师在实践中不断总结教学经验，形成科学的思想政治教育专业教育教学理论。从现实意义上讲，本书探究当前高校思想政治教育专业建设主题，以实现对该专业大学生培养的科学化、现代化，全面提升大学生的综合素养，也期待在一定程度上为高校思想政治教育专业的建设与发展提供参考。总之，本书可供高校思想政治教育专业教师、学生及其他思想政治教育工作者学习、参考。

---

① 西南政法大学第八次党代会报告：《知危图强担使命 扬鞭奋蹄谱新篇 以加快"双一流"建设引领学校内涵发展特色发展》，2017。

目 录

第一章 高校思想政治教育专业建设的理论探索 ············ 001
    第一节 思想政治教育专业的属性及发展问题 ············ 003
    第二节 思想政治教育专业建设的定位 ············ 030

第二章 高校思想政治教育专业建设的内容形态 ············ 041
    第一节 构建思想政治教育专业建设格局 ············ 043
    第二节 丰富思想政治教育专业建设体系 ············ 046
    第三节 加强专业建设资源与教学质量保障 ············ 060
    第四节 思想政治教育专业人才培养的具体路径 ············ 065

第三章 高校思想政治教育专业建设的实践育人 ············ 069
    第一节 思想政治教育专业实践育人的理论探讨 ············ 071
    第二节 思想政治教育专业实践育人的具体举措 ············ 075
    第三节 思想政治教育专业实践育人的亮点 ············ 079

第四章 高校思想政治教育专业大学生的职业规划 ············ 093
    第一节 思想政治教育专业大学生的职业定位 ············ 095
    第二节 思想政治教育专业大学生就业现状分析 ············ 103
    第三节 思想政治教育专业大学生就业趋向 ············ 109

附 录 思想政治教育专业就业（考研）案例展示
    ——以西南政法大学部分毕业生为例 ············ 121

参考文献 ············ 137

后 记 ············ 143

第一章

高校思想政治教育专业建设的理论探索

第一节　思想政治教育专业的属性及发展问题

一、思想政治教育专业的历史沿革与发展方向

思想政治教育专业旨在培养具备良好的政治理论素养、思想道德素质和科学文化素质，既能在学校和科研机构从事本专业的教学、研究工作，又能在党政机关和企事业单位从事以本专业为基础的宣传、组织、管理等思想政治工作的复合型人才。[①] 该专业隶属于法学门类与马克思主义理论一级学科，是马克思主义理论硕士、博士授权学科依托的本科点。[②]

学科专业是高等教育体系的核心支柱，是高校组织学生知识学习和素能培养的系统化和制度化产物，是人才培养的关键性"脚手架"，在推进高等教育现代化建设、建设高等教育强国中具有基础性作用。[③] 从历史沿革看，思想政治教育作为独立学科的建设始于改革开放初期。1984 年 4 月 13 日，教育部发

[①] 中华人民共和国教育部高等教育司：《普通高等学校本科专业目录和专业介绍（2008）》，高等教育出版社，2008 年，第 49 页。

[②] 需要说明的是，思想政治教育本科专业与思想政治教育硕士、博士学科点有差异。本书主要讨论"专业"建设。"专业"是为培养人才设置的教学实体，是一种教学体制、教学机构。一个专业可以依托某一学科，也可以是跨学科的，专业的设置可以根据社会对人才的需求适时调整。因此，某一专业并不总能与某一学科相提并论、混为一谈。一方面，思想政治教育专业以思想政治教育学科理论体系为基础和指导，以学科体系为支撑，凸显专业化特色；另一方面，思想政治教育专业要实现人才培养基础厚实、出口多样的目标，其课程体系设计又不能完囿于某个学科体系，要突破思想政治教育学科体系，与其他相关学科知识体系和方法协同，实现跨学科的知识基础建构。二者相互融通和支撑的关系表现在本科课程设置上即是：思想政治教育专业的核心课程既不能囿于思想政治教育二级学科，也不能囿于马克思主义理论一级学科，还应包括政治学、教育学、哲学、心理学等相关学科的基础课程。参阅石玉平、杨福荣、刘刚：《思想政治教育专业创新型人才培养模式探索与实践》，中国社会科学出版社，2017 年，第 156~157 页。

[③] 贺祖斌、周坚和：《加强学科专业调整优化 推进高等教育现代化》，《中国高等教育》，2023 年第 15 期，第 21 页。

布《关于在十二所院校设置思想政治教育专业的意见》①，决定在部分高等学校设置思想政治教育本科专业，采取正规化的方法培养大专生、本科生和第二学士学位生等各种层次的思想政治工作专门人才，有条件的高校还可培养研究生。20世纪80年代中期思想政治教育专业作为一门学科得以建立，并稳步发展。从该专业的发展进程看，1987年教育部颁布《普通高等学校社会科学本科专业目录》将思想政治教育专业列为"马克思主义理论、思想政治教育类"目录内专业；是年5月29日，中共中央在《关于改进和加强高等学校思想政治工作的决定》中指出，思想政治教育是一门以马克思主义理论为基础、综合性和实践性都比较强的学科，必须由专职人员作为骨干，并且要培养和造就一批思想政治教育的专家、教授和理论家。同时要求有关院校认真办好思想政治教育专业，办好第二学士学位班，并创造条件培养这方面的硕士和博士研究生，为造就从事思想政治教育的专业人才开辟一条新路。②截至1987年教育部设立思想政治教育硕士点时，全国已经有37所学校设置了思想政治教育专业。③

1988年，《普通高等师范院校本科基本专业目录》颁布，设立思想品德与政治教育专业（师范类）；1993年国家教委修订的《普通高等学校本科专业目录》，将思想政治教育专业（非师范）与思想品德与政治教育专业（师范类）合并为思想政治教育专业，归入"教育学门类下的思想政治教育类"，可授予教育学或法学学士学位。同年10月，《关于高等学校思想政治教育专业办学的意见》指出，专业课程要按照"少而精、突出重点、突出专业特色"的原则，紧紧围绕培养目标的要求来设置。在各个学历层次的课程中，马克思主义理论类课程处于核心地位，是思想政治教育专业的主干课。④在这段时期，设置思想政治教育专业的院校覆盖了全国24个省、自治区、直辖市。⑤1998年教育部修订的《普通高等学校本科专业目录》将思想政治教育专业调整到法学门类

---

① 意见明确指出：思想政治教育专业本科课程设置要从实现培养目标出发，使学生具备从事思想政治工作所必需的合理的知识结构，即有较扎实的思想政治工作的专业知识；还要十分重视调查研究、群众思想工作、宣传鼓动工作等实际工作能力的训练。
② 中共中央文献研究室：《十二大以来重要文献选编》（下），人民出版社，1988年，第1420页。
③ 石玉平、杨福荣、刘刚：《思想政治教育专业创新型人才培养模式探索与实践》，中国社会科学出版社，2017年，第11页。
④ 石玉平、杨福荣、刘刚：《思想政治教育专业创新型人才培养模式探索与实践》，中国社会科学出版社，2017年，第23~24页。
⑤ 宋锡辉、桂石见、钱明辉等：《现代思想政治教育专业建设研究——以师范类本科专业为对象》，人民出版社，2010年，第28页。

下的政治学类，可授予教育学或法学学士学位；同时将思想政治教育专业招生分为两个类别，即师范类和普通类。1999年，中共中央颁布《关于加强和改进思想政治工作的若干意见》，对在市场经济条件下发挥思想政治工作的优良传统和政治优势做了部署。这使思想政治教育专业建设有了制度性安排。总体来看，这期间高校思想政治教育专业稳步发展。

此后，思想政治教育专业建设开始逐渐步入快车道，专业发展与建设亮点纷呈。这一时期，《关于深化教学改革，培养适应21世纪需要的高质量人才的意见》《关于加强高等学校本科教学工作提高教学质量的若干意见》《关于做好普通高等学校本科学科专业结构调整工作的若干原则意见》《中共中央宣传部教育部关于进一步加强和改进高等学校思想政治理论课的意见》《教育部关于大力提高高等学校哲学社会科学研究质量的意见》《2006-2010年全国干部教育培训规划》等一系列重要文件反复指出，高校要以提高被教育者的思想政治素质为重点，坚持德才兼备、全面发展、尊重特点，以鼓励创新为发展方向，努力培养一支善于推动理论创新、科技创新和文化创新的思想政治教育专业队伍。①

从这一时期的完善人才培养体系层面看，中共中央组织实施马克思主义理论研究和建设工程，推动了"马克思主义理论一级学科"的建立②，将"思想政治教育"归为其下属独立的六个二级学科之一。自此，独立而正式的思想政治教育学科和相应的思想政治教育专业，在当代中国高等教育学科与专业体系中宣告成立，开辟出了自己的生存空间。③从人才培养的价值意蕴看，2004年中共中央、国务院联合发布的《关于进一步加强和改进大学生思想政治教育的意见》（中发〔2004〕16号文件）也明确提出高校思想政治教育要坚持以人为本，贴近实际、贴近生活、贴近学生，努力提高思想政治教育的针对性、实效

---

① 宋锡辉、桂石见、钱明辉等：《现代思想政治教育专业建设研究——以师范类本科专业为对象》，人民出版社，2010年，第4~5页。

② 2005年12月23日，国务院学位委员会和教育部发布的学位〔2005〕64号文件指出：为了加强马克思主义理论体系研究、马克思主义发展史和马克思主义中国化研究、思想政治教育研究，推进党的思想理论建设和巩固马克思主义在高等学校教育教学中的指导地位，加强高校思想政治理论课建设、培养思想政治教育工作队伍，经专家论证，决定在《授予博士、硕士学位和培养研究生的学科、专业目录》中增设马克思主义理论一级学科及所属二级学科。相应地，思想政治教育成为二级学科点，思想政治教育专业名称在本科、硕士、博士三个层次中得以贯通。

③ 宋锡辉、桂石见、钱明辉等：《现代思想政治教育专业建设研究——以师范类本科专业为对象》，人民出版社，2010年，第29页。

性和吸引力、感染力。①

党的十八大以来，教育部积极推进思想政治教育专业建设，实现了守正创新与高质量发展。

首先，2012年教育部再次修订的《普通高等学校本科专业目录》明确将思想政治教育专业归入法学门类下的马克思主义理论类，授予法学学士学位，明确了思想政治教育专业建设的基本原则与属性。

其次，加大对思想政治教育专业人才的培养力度。2017年，中共中央、国务院印发《关于加强和改进新形势下高校思想政治工作的意见》，强调大力实施高校马克思主义理论人才支持培养计划。② 2019年，中共中央办公厅和国务院办公厅联合印发《关于深化新时代学校思想政治理论课改革创新的若干意见》，强调统筹推进马克思主义理论学科本硕博一体化人才培养，实施高校思想政治理论课教师队伍后备人才培养专项支持计划③，完善思想政治教育本科专业与马克思主义理论学科硕士、博士点的衔接体系。

2020年4月，教育部印发的《高等学校课程思政建设指导纲要》指出，加强马克思主义学院和马克思主义理论学科建设，加快培养一批立场坚定、功底扎实、经验丰富的马克思主义学者，特别是培养一大批青年马克思主义者。

最后，坚持系统的原则，从整体上把握思想政治教育专业建设的方向。2021年，中共中央、国务院印发了《关于新时代加强和改进思想政治工作的意见》，该文件从总体要求、把思想政治工作作为治党治国的重要方式、深入开展思想政治教育、提升基层思想政治工作质量和水平、推动新时代思想政治工作守正创新发展、构建共同推进思想政治工作的大格局等六个方面对新时代的思想政治工作做了整体部署。这为推进高校思想政治教育专业高质量发展提供了新契机。

总之，改革开放以来，中共中央、国务院以及中宣部、教育部多次发文，要求相关高校办好思想政治教育专业。这为思想政治教育专业发展提供了政策依据和社会舆论支持，同时也使思想政治教育专业建设的科学化势在必行。④

---

① 教育部社会科学司：《普通高校思想政治理论课文献选编（1949—2008）》，中国人民大学出版社，2008年，第203页。

② 《中共中央 国务院印发〈关于加强和改进新形势下高校思想政治工作的意见〉》，https://www.gov.cn/xinwen/2017-02/27/content_5182502.htm。

③ 《中共中央办公厅 国务院办公厅印发〈关于深化新时代学校思想政治理论课改革创新的若干意见〉》，https://www.gov.cn/zhengce/2019-08/14/content_5421252.htm。

④ 宋锡辉、桂石见、钱明辉等：《现代思想政治教育专业建设研究——以师范类本科专业为对象》，人民出版社，2010年，第145页。

根据"阳光高考"平台数据，截至2023年12月，全国共有318所院校开设了思想政治教育本科专业。这一专业主要分布在一些综合性高校、师范院校、政法院校以及工科院校。思想政治教育国家级重点学科主要分布在中国人民大学、武汉大学、中山大学、东北师范大学等重点高校。重庆市开办了思想政治教育本科专业的院校，主要有西南大学、西南政法大学、重庆师范大学、重庆三峡学院、长江师范学院、重庆文理学院、重庆人文科技学院、重庆第二师范学院等。

从专业内涵上讲，思想政治教育专业作为学科人才培养的基石，是知识体系在实践中的具体应用，旨在培养社会发展所需要的专门人才。思想政治教育专业是运用马克思主义的立场、观点、方法观察社会现象，坚定正确的政治方向，专门研究人们思想形成发展的规律以及如何以马克思主义为指导，科学、有效地进行教育的专业。该专业内涵丰富，覆盖面较广。从党的思想政治教育优良传统看，该专业围绕党的中心工作而开展理论与实践工作，如在各级学校进行政治教育教学，在实务部门加强党的宣传思想教育、开展群众性精神文明创建活动，投入基层社会治理等，人才需求较大。

事实上，"经几年的（思想政治教育）专业学习，因其理论功底的扎实，历史知识的全面，文学涵养的积淀，社会适应性之快、之强，让其他专业的学生难以望其项背。……因此，他们（思想政治教育专业学生）做党务工作——发挥理论优势，贯彻党的方针，指导他人的政治方向；做教师——不仅能从事纯粹的理论研究与教学，而且往往成为忠诚党的教育事业，踏实践行'教真育爱'的模范；在新闻、出版社等单位做编辑——不仅成为党的喉舌，还善于让政治学与行政学走向大众……被大众巡视吸纳，成为思想政治教育研究和实际工作战线上一支具有较好素质和较高水平的生力军"。[1]

从学生的就业方向看，思想政治教育专业具有如下特点[2]：

一是为各级各类学校培养思想政治教育专业教学人才。

思想政治教育专业是关于思想政治的教育学科，与其他师范类专业如数学专业、英语专业等相同，是为各级各类学校培养政治教师的专业。师范类思想政治教育专业的培养目标，在1998年就被定位为能在中等以上学校从事马克思主义理论和思想政治教育学科的教学、科研的高级专门人才。这就决定了该

---

[1] 宋锡辉、桂石见、钱明辉等：《现代思想政治教育专业建设研究——以师范类本科专业为对象》，人民出版社，2010年，第153~154页。

[2] 以下部分重点参阅引用了石玉平、杨福荣、刘刚：《思想政治教育专业创新型人才培养模式探索与实践》，中国社会科学出版社，2017年，第4~7页的主要观点。特此说明。

专业要为中等及以上学校培养思想政治教育专业教学人才。出现这种现象的原因，主要有以下三点：

第一，受到提高教师学历水平趋势的影响，一些高中政治课教师岗位开始倾向于招聘具有研究生学历的教师，这有助于提升教师队伍的整体学历层次。不过目前多数高中学校在招聘教师时，仍然以大学本科学历为主要要求。

第二，小学阶段思想政治教育专业的教学人才逐渐被要求具有更高的学历，许多地区和学校已经开始要求小学教师至少具备本科学历，因此思想政治教育专业还要为小学培养思想政治教育专业人才。此外，一些非师范类思想政治教育专业的学生也通过考取教师资格证进入教师行业，从事思想政治学科的教学工作。

第三，一些专业素质过硬和能力较强的思想政治教育专业毕业生还会到一些高职院校和民办院校从事高校"两课"（马克思主义理论课和思想品德课）教学和辅导员工作，这也是一种与专业匹配的就业方向。

总之，高校师范类思想政治教育专业的培养目标包括：小学和初中思想品德课教师，高中政治课教师，高等学校"两课"教师或辅导员等。

二是为马克思主义理论一级学科输送研究生生源。

高校只有培养了接受相关专业本科教育的学生，才能为该专业输送合格的继续教育人才；学生只有接受了某个专业的思维方式和方法论的教育，才能更好地胜任该专业的理论研究和教学工作。思想政治教育专业本科教学的一个重要任务，就是对本专业学生进行马克思主义理论素养教育，以培养专业对口、功底扎实的研究生生源。马克思主义理论学科包括六个二级学科，而这六个二级学科在本科阶段只开设了思想政治教育专业，所以从专业对口角度来看，马克思主义理论学科的研究生生源是相当紧缺的。因此，思想政治教育专业必须立足于马克思主义理论一级学科开设课程，否则就难以承担为其他几个二级学科输送合格研究生生源的重任。①

三是为社会各界培养思想政治工作人才。

非师范类思想政治教育专业的培养目标，是为社会各界培养思想政治工作专门人才。受就业压力的影响，有些师范类思想政治教育专业毕业生并未进入学校从事教育工作，而是从事其他相关工作。当今，中国的意识形态建设不仅受到国内的经济改革和文化改革的影响，还受到国外多元文化和观念的影响。

---

① 白显良：《人才培养视野中的思想政治教育学科定位——再论思想政治教育的学科定位》，《思想理论教育》，2008年第1期。

思想政治教育专业建设应面向社会各行各业，为我国培养适应时代形势和发展需要的思想政治工作人才，为社会各界培养思想政治工作人才。思想政治教育专业应针对以下四类主体进行人才培养：

（1）各级各类学校。不同阶段的学校思想政治教育的主要任务是不同的。比如小学阶段的思想政治教育，以塑造个人良好的品德素养和心理素质为主；初中阶段的思想政治教育，则意在引导和带领学生形成基本的世界观、人生观、价值观。思想政治教育专业必须提高培养质量，为各级各类学校培养岗位所需的人才。随着我国居民受教育水平的提升，高等教育逐渐大众化，高校在思想政治教育工作中的作用日益凸显。

（2）党政军机关。思想政治教育专业服务于党的建设，该专业培养的人才通常具备较高的政治素养，从事与思想政治密切相关的工作。在我国，中国共产党是最高政治领导力量，对其他组织和机构进行思想领导、政治领导和组织领导，以确保国家各项工作有条不紊地运行。党通过全面有效的思想政治工作，协调各方，统筹全局。高校思想政治教育专业正可为党政军各类机构持续不断地输送人才。

（3）企事业单位。企事业单位是指企业单位及事业单位。企业是以营利为目的、独立核算的法人或非法人单位，企业包含国企和私企；事业单位是以政府职能、公益服务为主要宗旨的一些公益性单位、公益性职能部门等。企事业单位是国家思想政治教育工作的重要阵地。在企事业单位领域，必须充分发挥党的领导作用，做好企事业单位的思想政治教育工作，不断改进工作方法，以达到理想的思想政治教育效果。

（4）社会团体。社会团体是社会的重要组成部分。在中国，有成千上万个社会团体，它们均依据宪法和法律独立自主地开展活动。社会团体是党团结和联系社会各行业群众的重要纽带。随着中国社会不断发展，社会团体在社会生活中发挥着越来越重要的作用。加强对社会团体的思想政治教育是十分必要的，只有这样才能使社会各行业人员认识到社会主义的优越性，全心全意建设社会主义。

新时代，我国高校思想政治教育专业建设具有以下特点：

其一，功能定位明确。党的十八大以来，以习近平同志为核心的党中央不仅把思想政治工作作为党的一项极端重要的工作，还将其提升到国家战略层面，作为推进国家治理体系和治理能力现代化的重要方式；把马克思主义在意识形态领域的指导地位作为一项根本制度，这是中国特色社会主义制度在意识形态和文化领域的具体体现，表明我们党对坚持以马克思主义为指导的意识形态工作规律的认识达到一个新高度。①

其二，运行模式新颖。党的十八大以来，习近平总书记有关思想政治理论课建设、开展思想政治工作、推动贯彻"大思政课"理念的相关重要讲话已经成为教育战线育人实践的根本遵循。高校可建设具有立德树人协同效应的融入式、渗入式思想政治教育模式，实现思想政治教育模式和运行方式的创新发展。

其三，专业领域拓展。党的十八大以来，思想政治教育工作面临着新形势新任务，思想政治教育专业在回应时代挑战的过程中，专业领域不断丰富、拓展。一是在学校教育领域，思政课成为思想政治教育的突破口，形成了新的课程观、教学观、学习观。二是把思想政治教育向其他专业领域延伸，与其他专业同向同行，形成协同效应。三是把网络作为开展思想政治教育工作的主战场，营造风清气正的网络空间，推动思想政治教育工作传统优势与信息技术的深度融合。四是把思想政治教育工作向党的统一战线工作延伸，做好党外知识分子的思想政治教育工作。五是把思想政治工作向党的纪律建设延伸，使其成为全面从严治党的重要方式。六是推动思想政治教育工作走出国门，讲好中国故事、传播中国声音。

其四，形成了富有时代特点的思想政治教育话语体系。党的十八大以来，习近平总书记高度关注思想政治教育话语体系的建构与创新，在思想政治教育领域使用的话语风格以及讲授方式令人耳目一新，创新了思想政治教育工作的话语。习近平总书记在很多方面都道出了既符合马克思主义基本原理，又适应时代发展的新话语，如习近平新时代中国特色社会主义思想。②

近四十年，我国高校思想政治教育专业建设取得长足发展，学科建设日益成熟，办学规模逐步扩大。突出马列、注重基础、强调实践是贯穿思想政治教育专业人才培养的主线，在这一理念的指导下，思想政治教育专业体系建设逐步完善，人才培养模式日益优化，队伍建设不断加强，学科支撑日益强化。③有学者撰文总结了思想政治教育专业人才培养体系建设的历史性成就：④

---

① 姜辉：《坚持马克思主义在意识形态领域指导地位的根本制度》，http://www.qstheory.cn/dukan/hqwg/2020-03/05/c_1125665293.htm。
② 余双好、马桂馨：《新时代党的思想政治教育理论创新及时代价值》，《学校党建与思想教育》，2023年第7期，第4~5页。
③ 教育部思想政治工作司、全国高校思想政治教育研究会：《思想政治教育学科设立30周年：高校思想政治教育创新发展研究》，中国书籍出版社，2015年，第10~11页。
④ 杨威、陈毅：《新时期思想政治教育专业人才培养体系的思考》，《思想教育研究》，2018年第6期，第24页。

从专业生源规模看，社会对思想政治教育专门人才的需求、国家对思想政治教育专门人才培养的重视，为思想政治教育专业人才培养体系的建立奠定了基础。思想政治教育专业生源的规模不断扩大，高校办学类型不断多样化，办学层次不断提升。

从专业学科体系建设看，思想政治教育专业的学科归属日益明确，学科建设水平不断提升。马克思主义理论学科的快速发展，为思想政治教育专业人才培养提供了强有力的支撑。思想政治教育专业课程体系发展到今天，形成了由公共基础课程、大类平台课程、专业核心课程、专业选修课程等构成的课程体系。课程体系的专业性、稳定性、开放性不断增强。特别是由"思想政治教育学原理""思想政治教育学方法论""中国共产党思想政治教育史""比较思想政治教育学""思想政治教育心理学"等构成的核心课程体系，成为培养学生专业核心理论素养的重要支柱。

从专业师资力量看，思想政治教育专业不断培养出高素质的专门人才，充实思想政治教育专业师资队伍，进一步提升了本专业的建设水平。

有学者从思想政治教育专业政策运行机制的角度，指出政策运行机制要坚持系统思维，保障专业建设，完善党政统一领导、政府负责、多元参与、社会协同、监督有效的政策运行机制，机构设置合理、主体协同合作、运行有序高效，提高政策运行机制的科学化、职能化和专业化水平。[①]

从人才培养的素养要求看，思想政治教育专业学生应具有以下的职业发展能力：

一是调查研究能力，即有目的、有计划、有步骤地把特定的社会现象作为调查对象，实地调查、搜集与其相关的各种事实或资料，加以整理、分析和综合，以便科学地阐明该社会现象的构成因素及其规律性。

二是组织协调能力，即能独立开展思想政治教育活动，合理组织人力、物力、财力，协调各方面的关系，调动一切积极因素，以形成教育合力的能力。

三是宣传鼓动能力，即思想政治教育专业从业者除日常工作外能够单独开展政治训练的能力。这种政治训练既需要广大思想政治教育专业从业者的敬业爱业，愿讲"大道理"，敢讲"大道理"，还要坚持真理，在辩证统一思维方式的指导下进行宣传鼓动，引导广大受众用马克思主义的立场观点看问题，处理

---

① 王丛丛、巩红新：《思想政治教育学科政策演进40年：历程、特征与发展趋势》，《学校党建与思想教育》，2024年第9期，第49页。

问题,在各种新、奇、异的"学术观点"中识别真伪、辨清方向。①

二、思想政治教育专业的基本属性

随着市场经济体制改革的不断深化,不同社会群体的利益诉求日益多元,在各种社会思潮交织的新形势下,思想政治教育学科也需要转型与创新。李合亮教授认为,近三十多年来,学者们既注重思想政治教育理论、思想政治教育学科体系的研究,也注重思想政治教育的应用研究。② 这一专业研究领域不断拓展,内涵日渐丰富,体系日趋成熟,呈现学科交叉性、应用性、复合性等新特点。宇文利教授指出,思想政治教育专业是在已有的哲学、政治学、教育学和其他社会科学的基础上,通过对学科思想、理论知识和应用方法的廓清与内化,从而构建的逐步定性化、定型化的独立学科。③ 由此而言,思想政治教育专业是多学科交融整合而成的一门专业,是政治性与科学性的统一。下文将具体探讨思想政治教育专业的基本属性。

(一) 意识形态性

意识形态性是思想政治教育的本质属性。本质属性是指决定一事物之所以成为该事物而区别于其他事物的属性。白显良教授指出,思想政治教育本质上是阶级性的实践活动,不能离开思想政治的阶级性开展理论研究。④ 总体而言,在马克思主义理论升格为一级学科,思想政治教育成为独立的二级学科之后,思想政治教育的马克思主义学科属性和定位更加明确,思想政治教育学科姓"马",是马克思主义的思想政治教育学科。⑤ 我国马克思主义理论与思想政治教育专业的创始人之一林泰先生也指出:"思想政治教育(包括马克思主义理论教育)的一个重要任务是运用马克思主义的立场、观点、方法,科学地

---

① 宋锡辉、桂石见、钱明辉等:《现代思想政治教育专业建设研究——以师范类本科专业为对象》,人民出版社,2010年,第186~190页。
② 李合亮:《解构与诠释:思想政治教育的基本问题研究》,人民出版社,2015年,第12页。与思想政治教育相关的经典著作:基础理论层面有张耀灿等的《现代思想政治教育学》,学科体系层面有张耀灿、徐志远的《现代思想政治教育学科论》,方法论层面有郑永廷的《思想政治教育方法论》、万美容的《思想政治教育方法发展研究》,学科发展史方面有王树荫的《中国共产党思想政治工作史》等论著。
③ 宇文利:《论思想政治教育学的交叉性》,《思想理论教育导刊》,2009年第8期,第27~31页。
④ 白显良:《思想政治教育的马克思主义理论基础研究》,人民出版社,2014年,第23页。
⑤ 教育部思想政治工作司、全国高校思想政治教育研究会:《思想政治教育学科设立30周年:高校思想政治教育创新发展研究》,中国书籍出版社,2015年,第11页。

分析现实社会的社会矛盾、社会思潮，从而为人们排异解惑。"① 事实上，思想政治教育学科具有鲜明的政治性。在阶级社会中，统治阶级主导的思想政治教育活动旨在坚持主流意识形态的主导和灌输，为统治阶级的利益服务，相应地，以此为研究对象的思想政治教育学也具有突出的阶级性。与资产阶级试图掩饰这点相比，我国的思想政治教育专业则公开声明自己的阶级立场和政治属性。② 从本质上讲，意识形态作为一个社会的上层建筑，是一定社会阶级、集团基于自身的根本利益，对现存社会关系自觉反映而形成的理论体系，是该阶级、集团的政治纲领、行为准则、价值取向的理论根据。③

当前，中国特色社会主义进入新时代，意识形态工作的重要地位不断显现。习近平总书记指出："当前，各种敌对势力一直企图在我国制造'颜色革命'，妄图颠覆中国共产党领导和我国社会主义制度。这是我国政权安全面临的现实危险。他们选中的一个突破口就是意识形态领域，企图把人们思想搞乱，然后浑水摸鱼、乱中取胜。新形势下，意识形态领域斗争复杂尖锐。"④ 目前，敌对势力蓄意干扰与破坏中华民族伟大复兴的历史进程，对我国意识形态领域进行渗透与破坏。在国内，有些人受到多元价值观念的影响，意识形态工作面临的挑战不断加大。

面对这种形势，我们应强化思想政治工作，加强意识形态传播与教育，发挥意识形态的辩护功能、认知功能、育人功能、凝聚功能、控制功能，做到正本清源，不断营造清新向上的社会氛围。在全面推进中国式现代化建设新征程中，思想政治教育务必在统一思想、凝聚共识、鼓舞斗志、团结奋斗等方面继续发挥重要作用，具备更高阶的思想政治教育学科自觉。⑤

高校思想政治教育专业应坚持马克思主义的指导，以高等教育人才培养目标为基础，培养具有思想政治教育学科意识、思想政治教育专业素质和能力的中国特色社会主义事业建设者和接班人。高校思想政治教育专业培养规格应遵

---

① 林泰：《代序：一个中国特色社会主义学科建设的艰辛历程与本质特色》，转引自宋锡辉、桂石见、钱明辉等：《现代思想政治教育专业建设研究——以师范类本科专业为对象》，人民出版社，2010年，第11页。

② 张耀灿、孙清华：《思想政治教育学科建设规律性探索与遵循》，《教学与研究》，2022年第12期，第75页。

③ 肖建国、李宏刚、陈权：《新时代高校思想政治教育工作实效与方法研究》，人民出版社，2023年，第40页。

④ 中共中央文献研究室：《习近平关于社会主义文化建设论述摘编》，中央文献出版社，2017年，第37页。

⑤ 黄蓉生：《思想政治教育学科创立与发展的根本价值取向——写在思想政治教育学科创立40周年之际》，《思想理论教育》，2024年第6期，第9页。

循教育部颁布的2024年普通高等学校本科专业目录的相关要求：思想政治教育专业的学生主要学习马克思列宁主义、毛泽东思想和中国特色社会主义理论体系、思想政治教育的基本理论和基本知识，接受思想政治教育的专业技能与方法的基本训练，掌握从事思想政治教育工作的基本技能。具体来说，思想政治教育专业人才培养目标应突出学生运用马克思主义的理论、方法和观点分析问题和解决实际问题的能力。[①] 因此，该专业需要对学生进行世界观和人生观教育、价值观和道德观教育、政治观和法制观教育。

思想政治教育涵盖理想信念、价值追求、道德修养、社会规范等方面。[②] 思想政治教育专业是以马克思主义理论为基础的、研究人的思想意识形成、发展规律和实施思想政治教育规律的一门应用性学科，具有很强的政治、思想、理论、实践、时代特征。[③] 提升学生政治素养、培养学生政治认同是思想政

[①] 也有学者对思想政治教育专业人才培养目标做了归纳分析，认为从"大思政"的角度可以将思想政治教育专业人才培养目标分为专业目标、政治教育目标、法纪教育目标和道德教育目标。从层次结构来看，专业目标处于最高层次，依次为政治教育目标、法纪教育目标和道德教育目标。专业目标——主要包括掌握思想政治教育专业的基本理论、基本知识，掌握马克思主义的基本原则和科学分析方法，掌握文件检索、资料查询的基本方法；具有一定的科学研究和工作能力，主要包括培养学生在学习掌握辩证唯物主义和历史唯物主义基本理论之后，认同其基本的观点，具有正确的人生观与价值观，能正确认识和处理个人、集体、社会利益的关系；具有艰苦奋斗，为人民服务、奉献社会、创造人生的思想；具有与社会主义市场经济、改革开放相适应的思想观点；具有实事求是、追求新知、独立思考、勇于创新等思想品质和基本能力。政治教育目标——主要包括培养学生坚持四项基本原则，坚持改革开放，在重大政治原则问题上，是非界限分明，了解党和国家的有关方针、政策和法规，能站在党和人民的立场上，对各种错误思潮有一定辨别和抵制能力，有宣传正确思想的一般方法。法纪教育目标——主要包括民主法制教育、自觉纪律教育。民主法制教育目标，主要是通过对其进行民主与法制的陶冶与训练，使其养成热爱民主和遵守法制的基本观念；自觉纪律教育目标，是指通过自觉纪律教育，使其养成自觉遵守纪律的习惯和品质。道德教育目标——主要包括社会主义人道主义和社会公德两方面，基本要求是：通过社会主义人道主义教育和社会公德教育，使其在更高意义上热爱人、尊重人、信赖人，尊重人的地位、价值，弘扬人性，同情与帮助弱者，平等友好地与他人相处，遵守公共秩序，尊敬师长等。参阅宋锡辉、桂石见、钱明辉等：《现代思想政治教育专业建设研究——以师范类本科专业为对象》，人民出版社，2010年，第99~100页。

[②] 王学俭、郭绍均：《思想政治教育本质问题再探讨》，《教学与研究》，2012年第12期，第61页。

[③] 刘历历：《思想政治教育专业本科教学改革研究》，曲阜师范大学硕士论文，2014年，第5页。

教育专业人才培养最为根本的要求。① 同时，思想政治教育专业应立足于已经变化了的现实，贴近人们的思想实际，贴近人们关心的问题，贴近大众的生活，把马克思主义理论成果转化为人民大众喜闻乐见的生动形式。②

（二）教育属性和人本属性

思想政治教育专业具有较强的教育属性及人本属性。思想政治教育专业研究、关注人的世界观、人生观、价值观、政治思想、伦理道德、心理健康等多方面多层次的教育。

高校的思想政治教育专业包括思想政治理论课、形势政策教育、党团教育、结合业务学习的教育（寓教于学）、结合文体活动的教育（寓教于乐）、结合学生管理工作的教育（管理育人）、结合社会实践的教育（实践育人），以及新生入学教学、毕业生就业指导、特殊学生群体（如经济困难学生）教育等多方面内容，还研究高校学生思想管理机制，专兼职学生工作队伍建设，乃至教师思想工作等，从中探索思想政治教育的规律和有效的形式、方法，具有较强的教育属性。③

人本属性，是指思想政治教育专业应以人为本，重视人的价值，肯定人的作用，承认人的力量和能动性。坚持一切从人出发，尊重人，理解人，关心人，充分调动和激发教育对象的积极性和创造性，以实现人的全面发展。④

（三）社会实践性

思想政治教育专业具有鲜明的社会实践性。马克思主义立足实践，以实践活动为基础，创立了马克思主义哲学的"现实生活世界理论"，确保了生活世

---

① 也有学者指出："思想政治专业人才的政治素质主要包括以下几个方面：第一，正确的政治方向。要培养学生坚定的马克思主义信仰和共产主义理想信念。第二，鲜明的政治观点。要培养学生马克思主义科学世界观、人生观和价值观，并且正确运用马克思主义观点来评判和分析当前中国重大理论和现实问题。第三，坚定的政治立场。要通过教育培养，使学生始终站在人民群众一边，站在党和国家的政治立场上，思考、分析和解决社会问题。第四，较强的政治辨别能力。要培养学生运用正确的政治方法分析复杂的社会现象，用马克思主义的政治眼光敏锐洞察社会经济、政治和思想文化领域出现的各种问题的本质和可能的社会政治后果，作出正确的政治判断和行为。"参阅帅刚、陈志铖、张海燕：《思想政治教育专业人才培养谈论》，《中学政治教学参考》，2022年第36期，第80~81页。

② 邓天丽、严佩升：《地方本科院校应用型文科专业的特色发展之路——以昭通学院思想政治教育专业为例》，《太原城市职业技术学院学报》，2018年第3期，第112页。

③ 林泰：《代序：一个中国特色社会主义学科建设的艰辛历程与本质特色》，转引自宋锡辉、桂石见、钱明辉等：《现代思想政治教育专业建设研究——以师范类本科专业为对象》，人民出版社，2010年，第15~16页。

④ 张耀灿：《现代思想政治教育学》，人民出版社，2001年，第109页。

界对人的现实性和人对世界的现实性，并使"现实的自然"和"现实的人"在实践活动的基础上达到了统一。① 马克思主义的实践观对思想政治教育专业建设具有重要意义。

完善思想政治教育学科理论体系、创新学科研究范式要把握二重服务律。"二重服务律是指思想政治教育学科建设既要服务于社会全面进步，发挥社会性功能，又要服务于个人的全面发展，发挥个体性功能。而为满足和实现人民群众的美好生活需要则恰恰是这两者的关键结合点。这和思想政治教育活动的基本特征、目标紧密相关，也反映了社会主义的特征、要求"。② 思想政治教育专业应将专业内容应用于现实生活中，实现思想政治教育的应有效果③，以社会实践为切口，突出人才培养的职业导向性。换言之，思想政治教育专业的功能指向充分体现了其与社会实践、促进人的发展之间的良性互动。

高校特色专业建设的第一要义是培养出适应社会需求的高素质人才，高校专业的建构与运转应与时代发展紧密相关。因此，高校需要在进一步完善分支学科体系的基础上，进一步改造、厘定和凝练这些思想政治教育分支专业知识，摆脱知识离散、知识庞杂、知识偏科、学科融合不深入、知识解释力局限等尴尬局面。④ 高校思想政治教育应充分体现该专业促进人的社会化、提高人的思想政治素质等作用，体现其协调利益关系、引领价值方向、维护社会稳定等作用。⑤ 思想政治教育的内容和方法不能忽视教育对象的实际需要。⑥

在一些院校，思想政治教育专业的课程设置呈现以下问题：偏向于说教式、灌输式的教学方式，课程设置过于"面面俱到"，没有突出马克思主义理论教育的核心作用；有些院校的课程设置过于偏向教育学、心理学、行政管理学、西方经济学等非马克思主义核心理论课程模块等。

对于这些问题，高校应结合思想政治教育本质属性深化理解。著名学者陈

---

① 肖建国、李宏刚、陈权：《新时代高校思想政治教育工作实效与方法研究》，人民出版社，2023年，第35页。

② 张耀灿、孙清华：《思想政治教育学科建设规律性探索与遵循》，《教学与研究》，2022年第12期，第76页。

③ 刘历历：《思想政治教育专业本科教学改革研究》，曲阜师范大学，硕士学位论文，2014年，第7页。

④ 隋牧蓉：《试析思想政治教育学科有效知识供给的不足与增进》，《学校党建与思想教育》，2017年第3期，第26页。

⑤ 罗洪铁、周琪、王斌等：《思想政治教育学科理论体系演变研究》，中国社会科学出版社，2012年，第86页。

⑥ 罗洪铁、周琪、王斌等：《思想政治教育学科理论体系演变研究》，中国社会科学出版社，2012年，第87页。

秉公指出，思想政治教育的目标和内容深深植根于社会土壤之中，由社会的政治、经济、文化和历史诸多因素决定，特别由社会发展和进步的需要所决定。① 思想政治教育专家罗洪铁先生等也认为："思想政治教育作为一种实践活动，若不能满足人和社会发展的需要，就失去了存在的意义。把握人和社会的需要，明确思想政治教育自身的属性功能，掌握思想政治教育满足人和社会需要的方法和途径，这是思想政治教育有效开展的必然要求。"② 著名思想政治教育专家项久雨先生指出："思想政治教育是一种具有特殊规定性的实践活动，既服务于国家意识形态建设、精神文明的赓续发展，又适应于创造人的美好生活的实践需要。将先进的思想理论、价值理念、道德观念以科学合理的方式传递给教育对象，是思想政治教育的核心任务与主要目标。"③ 项久雨先生进一步指出，所谓美好生活，是"共同体之中的生活，需要思想政治教育予以正确引导，是真善美相统一的生活，需要思想政治教育发挥引领作用。是蕴含时代规定性的生活，需要思想政治教育进行有效阐释。思想政治教育自身的属性、定位、功能，决定了它在创造美好生活的实践中能够发挥的重要作用。体现在一是形成教育对象创造美好生活的自觉意识，二是培养和提升教育对象创造美好生活的能力，三是引领创造美好生活的实践方向。设置美好生活议题能够为思想政治教育知识体系、价值体系、育人体系的新时代建构注入理论与实践的活水，推动新时代思想政治教育的守正创新"④。

另有学者认为思想政治教育是教人求真、向善、臻美、明理、崇德、导行的社会实践活动，以促进社会的美好和个人的美好为根本价值追求。思想政治教育专业应提升思想政治教育内容的美感度，提升思想政治教育内容的鲜活度，提高思想政治教育内容的悦纳度。⑤

还有学者认为新时代的思想政治教育具有时代指向性。思想政治教育专业的师生应走出书斋，把目光投向社会主义现代化强国建设和中华民族伟大复兴等重大现实问题，关注具有现实感的话题，比如，思想政治教育的教学实践与应用表达、人的思想政治素质与价值观念、文化生活与精神成长、价值责任与

---

① 陈秉公：《思想政治教育学原理》，高等教育出版社，2006年，第225页。
② 罗洪铁、周琪、王斌等：《思想政治教育学科理论体系演变研究》，中国社会科学出版社，2012年，第87页。
③ 项久雨：《创造美好生活的思想政治教育》，《思想理论教育》，2023年第1期，第46页。
④ 项久雨：《创造美好生活的思想政治教育》，《思想理论教育》，2023年第1期，第47~52页。
⑤ 熊建生、尚晓丽：《论思想政治教育内容的美好向度》，《思想理论教育导刊》，2022年第11期，第112~118页。

道德判断、多元认同与社会发展、政治文明与人类命运共同体、中国式现代化等。①

实践素质是思想政治教育专业人才培养的关键要求。思想政治教育专业培养的人才，就是要善于做人的思想工作，具备一定的实践素质，具体包括判断分析、组织策划、平衡协调、人际沟通、思想传播等五种能力。② 思想政治教育专业的内容较为广泛，从用党的创新理论武装全党和全国人民、马克思主义唯物论和无神论教育、民主与法制教育、社会主义道德建设等内容，拓展到群众性精神文明创建活动、宣传先进典型等方面，涵盖企业、农村、学校、科研所、街道和其他基层单位。③ 这也对思想政治教育专业从业者提出了更高要求。思想政治专业教师必须引导学生积极参与社会实践，引导学生走出课堂、走出校门，了解校情、党情、国情和世情，积极促成学生的理论学习与社会实践相结合，促成知识青年与劳动群众相结合，提高学生参与社会公共服务的意识。④

思想政治教育专业是一门以马克思主义理论为指导，带有较强社会实践性的应用型专业。从专业属性看，思想政治教育是一种教导人并造就人的社会活动，它的功能在于根据时代条件、社会需要和共同体要求而培养与之相匹配或相融洽的个体成员，进而使人在这个过程中发挥积极的促进作用，从而发展和提升这个共同体中个体成员的思想政治道德素质，化解社会矛盾、促进社会和

---

① 宇文利：《新时代思想政治教育学科的学术进路》，《思想理论教育导刊》，2023年第4期，第110页。

② 具体来说，第一，判断分析能力是形成其他能力的基础。判断分析能力一方面建立在对世情、国情、党情等社会发展的宏观认识基础上，需要认识共产党执政规律、社会主义建设规律、人类社会发展规律，懂大势、识大体；另一方面，建立在对工作对象准确把握基础上，认识受教育者身心发展规律，把握针对性。第二，组织策划能力是实施思想政治教育的重要能力。组织是将人与人通过一定的体制、机制联系起来，形成行动团队。建立组织、参与管理、实施计划等都属于组织活动范围。组织能力是在实践中养成的，需要教育者提供机会和空间。第三，平衡协调能力和人际沟通能力是组织能力的组成部分。之所以单列出来是因为思想政治工作者不仅要面对群体，也要面对个体，要做个别思想工作。第四，人际关系、公共关系等社会关系影响到个体的人生观、价值观，决定了个人恋爱、婚姻、家庭、职业等方面的价值取向，很多思想问题是基于对这些关系判断而产生的。平衡协调和人际沟通能力就是处理这些关系的能力。第五，思想传播能力表现为怎么说、如何说等具体沟通。面对面沟通需要语言表达，网络沟通需要掌握网络话语表达方式，随着信息技术的日益普及，思想传播能力的重要性也日益凸显。参阅李辉：《关于提升思想政治教育专业人才竞争力的思考》，《思想教育研究》，2019年第3期，第34页。

③ 佘双好、马桂馨：《新时代党的思想政治教育理论创新及时代价值》，《学校党建与思想教育》，2023年第7期，第5页。

④ 帅刚、陈志铖、张海燕：《思想政治教育专业人才培养谈论》，《中学政治教学参考》，2022年第36期，第81页。

谐以及推动社会管理、实现社会整合。① 进言之，思想政治教育专业建设要源自社会、依靠社会、服务社会。② 在当代中国，思想政治教育不仅是学校的教育实践，更是全社会精神文明建设和意识形态建设实践的重要组成部分。马克思主义的中国化、时代化和大众化，也需要借助思想政治教育在全社会的广泛实践。③ 思想政治教育专业建设应围绕立德树人这个根本任务和中心环节，培养又红又专、德才兼备、具有家国情怀的社会主义建设者和接班人，坚持追求为人民服务、为中国共产党治国理政服务、为巩固和发展中国特色社会主义制度服务、为改革开放和社会主义现代化建设服务的价值目标。④

（四）学科交叉性

思想政治教育专业具有一定的学科交叉性。就专业内容来看，思想政治教育包括马克思主义理论教育与思想品德教育、党团教育、心理健康教育，也包括校园文化活动、社会实践活动，还包括日常生活教育、就业教育（新拓展）。思想政治教育对其他专业的相关知识兼收并蓄，善于及时地吸收这些知识，如运用社会学、大众传播学等学科知识，努力使思想政治教育做到潜移默化、情理交融、润物无声。⑤ 当下时代是一个迅速发展的时代，高强度和快节奏的竞争环境是高校专业建设必须适应的基本环境。在这种环境里，如果固守传统专业之间的壁垒，故步自封、抱残守缺，高校将难以培养出具备综合素养的高质量人才。⑥ 促进专业交叉融合，是新时代我国高质量专业学科体系建设的重点。单一的专业知识难以解决经济社会发展过程中面临的复杂问题，专业自身的发展逻辑也要求综合化，跨学科专业建设已成为高校专业建设的必然，加快跨学科专业建设已成为世界一流大学的共同追求。⑦

就社会环境变迁与思想政治教育专业建设的内在关系讲，在新一轮科技革

---

① 王学俭、郭绍均：《思想政治教育本质问题再探讨》，《教学与研究》，2012年第12期，第63页。
② 孙其昂、叶方兴：《论思想政治教育的社会性》，《学校党建与思想教育》，2013年第4期，第8页。
③ 白显良：《思想政治教育的马克思主义理论基础研究》，人民出版社，2014年，第24页。
④ 李辉：《思想政治教育学科发展性探析》，《教学与研究》，2022年第12期，第89页。
⑤ 宋锡辉、桂石见、钱明辉等：《现代思想政治教育专业建设研究——以师范类本科专业为对象》，人民出版社，2010年，第272页。
⑥ 吴红：《着眼立德树人　形成更高水平的高校人才培养体系》，《中国高等教育》，2023年第7期，第38页。
⑦ 郭峰：《全面提高人才自主培养质量的时代价值与实践路径》，《中国高等教育》，2023年第9期，第55页。

命的推动下，我们面临的生存问题、发展问题、价值观问题日益复杂多变，为应对新变化、解决复杂问题，跨学科跨专业的知识整合成为高校专业建设的必然。①我国思想政治教育专业自建立后，因研究和解决实际问题的需要，一直保持着开放的心态，积极借鉴教育学、心理学、伦理学、管理学、社会学等相关学科的知识、方法，形成了思想政治教育心理学、思想政治教育管理学、思想政治教育社会学等交叉学科。在这个交叉融合过程中，思想政治教育的意蕴更为深厚。②

思想政治教育专业既需要面向马克思主义基本原理、马克思主义中国化研究、马克思主义发展史、国外马克思主义等相关二级学科，也需要面向马克思主义哲学、马克思主义政治经济学、科学社会主义、中共党史（含党的建设）等马克思主义学科群。在专业体系化发展阶段，思想政治教育专业也需要面向立德树人、理论武装、学科教学、日常教育、管理服务、安全稳定、队伍建设、评估督导等体系。③

有学者将现代治理理论融入思想政治教育中，指出思想政治教育不仅要服务于国家治理现代化，而且其本身就是国家治理的重要组成部分，是文化治理的重要方面。思想政治教育治理，从治理理念看，就是要民主治理、协同治理、依法治理；从治理标准看，就是要形成完整的思想政治教育治理标准体系，做到要素齐备、运行有序、功能良好；从建设治理体系来看，就是要以制度体系为中心，形成包括机构体系、职能体系、制度体系、价值体系等在内的完整统一的体系结构；从提高治理能力方面来看，就是需要教育主体做到懂治理、能治理、善治理，熟知思想政治教育现代治理理论，参透思想政治教育现代治理标准，融通思想政治教育现代治理体系，尤其是能够按照国家治理现代化的要求，在提高思想政治教育主体的制度执行能力上下功夫，着力将思想政治教育的制度优势转化为思想政治教育的制度效能。④

建设教育强国是实现中华民族伟大复兴的基础性工程。思想政治教育工作者要坚持守正创新，促进数字技术与思想政治教育教学的深度融合。

数字技术推动了思想政治教育专业研究空间的不断拓展。当前，我国在高

---

① 徐蓉、张飞：《新文科视域下推进思想政治教育学科建设的思考》，《思想教育研究》，2023年第5期，第63页。
② 张耀灿、孙清华：《思想政治教育学科建设规律性探索与遵循》，《教学与研究》，2022年第12期，第78页。
③ 李辉：《思想政治教育学科发展性探析》，《教学与研究》，2022年第12期，第89~90页。
④ 赵继伟：《系统推进思想政治教育现代治理论略》，《学校党建与思想教育》，2022年第23期，第35~41页。

精度芯片制造、信息通信技术拓展、未来网络构建等领域取得重大成就，这同时也催生了教育数字化新生态。2019年，《中国教育现代化2035》发布，强调要加快信息化时代教育变革。2021年，《"十四五"国家信息化规划》发布，强调要加强教育大数据供给和应用，利用新技术赋能教育教学改革；《新时代加强和改进思想政治工作的意见》发布，指出要加强网络思想政治工作，深入实施网络内容建设工程，加强网络传播能力建设，依法加强网络社会管理，推动思想政治工作传统优势与信息技术深度融合，使互联网这个最大变量变成教育事业发展的最大增量。在计算机网络这一工具被广泛应用的时代，网络思想政治教育应积极回应时代诉求，在网络主流意识形态中发挥积极作用，引导广大网民实现价值塑造、形成价值认同。在教育方式上，网络思想政治教育应加大主流意识形态信息高势位供给，以受众喜欢的方式、切中受众需要、适应受众的接受特点而被"受众听进去"，从而实现网民高自主性的有效沟通、互动，化解矛盾，优化实践发展。①

教育数字化可以丰富思想政治教育工作，也能提升思想政治教育的实效性。有学者指出，当前我们应以教育数字化赋能思想政治教育时空拓展和模式变革。要科学把握思想政治教育的"时"与"势"，加快教育数字化转型，通过教育数字化，克服教育资料和教育平台的时空阻隔，实现传统思想政治教育模式的根本性变革，为加快构建高校"大思政课"奠定坚实基础。②

另有学者指出，数字技术改变了人们的社会生活和思维方式，也深刻地影响了思想政治教育的发展。万物皆被数据化的现实状况，深刻影响着教育场域的建构、数字资源整合、精准服务与评估等，而这一切皆为建构崭新的思想政治教育数字化实践图景提供了技术保障。相关教育机构可运行数字技术从各大社交平台获取数字资源，并将这些数据要素融入思想政治教育系统，进行数字化重组与再造，以支撑思想政治教育全方位升级和创新发展。大数据、人工智能、区块链等现代信息技术为思想政治教育理论研究、教学改进、实践创新提供了技术支持；依托5G、全息影像、VR、AR、XR、脑机接口、元宇宙等技术，不仅可以使思想政治教育从现实场域拓展到虚拟场域，还以其仿真的功能为教育对象提供沉浸式体验，革新思想政治教育数字化传播方式，构建思想政

---

① 谢玉进：《新时代网络思想政治教育概念再界定与研究深化》，《思想教育研究》，2022年第5期，第56~61页。

② 信息金：《加快构建高校大思政体系》，《光明日报》，2023年2月28日第14版。

治教育数字化存在形态。①

还有学者探讨了思想政治教育数字化建设的路径,为了实现优先发展内容、优势创新方法、优质培育生态的现实需要,思想政治教育要不断理清改革诉求,力图从不同维度将信息技术为教育教学带来的环境变量转化为发展增量。从技术维度出发,积极建立多域融合的数字场域,以时空场域交互、虚实场域联动拓展育人空间;从叙事维度出发,创新搭建云端互联、资源共建、仿真体验等数字育人样态;从关系维度出发,持续探索守正创新、需求与供给、增智与德育之间的数字平衡方式,全面释放数字化教育的生产力和变革力,使思想政治教育数字化发展走向深入。② 可以预见,随着时代的发展,以网络信息技术、人工智能技术赋能思想政治教育的应用理论专业,也将会有更大的发展空间。③

三、思想政治教育专业人才培养面临的问题

高等学校的本科专业是培养专业人才的重要平台。通过专业设置,使大学生专门化学习和接受专业知识教育,促进大学生身心健康成长和发展,培养其基本素质。党、国家和社会应依据现实发展需要制定人才培养目标,以适应社会发展的需求。高校的专业建构应与时代发展同行,汇聚专业知识教育、专业技能培养、专业社会适应等多维度培养目标。结合相关文献,分析高校思想政治教育专业发展现状,可以发现高校思想政治教育专业的人才培养存在以下几个方面的问题。

(一)专业属性认识不清

意识形态性是思想政治教育专业的首要属性,实践性是思想政治教育专业的根本特征。相对于一些基础学科,如数学、物理学、历史学等专业较为强调理论性,思想政治教育专业是一门以马克思主义理论为指导,带有较强社会实践性的应用型专业。思想政治教育就是在做人的思想引导工作。在当代中国,

---

① 卢岚:《思想政治教育数字化转型的现实基础与行动框架》,《思想理论教育》,2023年第5期,第13页。
② 王丽鸽:《思想政治教育数字化发展的生成动因、态势特征与创变展望》,《思想理论教育》,2023年第5期,第25页。
③ 张耀灿、孙清华:《思想政治教育学科建设规律性探索与遵循》,《教学与研究》,2022年第12期,第78页。

思想政治教育不仅是学校教育的重要实践，还是全社会精神文明建设和意识形态建设实践的重要组成部分。马克思主义要推进中国化、时代化和大众化，都必须借助思想政治教育在全社会的广泛实践。[①] 这要求思想政治教育专业人才要具备深厚的理论功底。思想政治教育的目标和内容深深植根于社会土壤之中，由社会的政治、经济、文化和历史等诸多因素决定，特别是由社会发展和进步的需要所决定。[②] 没有深厚的理论认知，思想政治教育工作者就不能充分把握时代发展对"合格社会人"提出的要求，不能深刻理解意识形态传播与建构、人的思想政治道德认知的内在规律，完成不了自身所应当承担的工作任务。

同时，思想政治教育是一种实践活动，掌握用思想政治教育满足人们和社会发展需要的方法和途径，是有效开展思想政治教育工作的必然要求。这又要求思想政治教育专业人才必须掌握思想政治教育的技能与方法，对这些技能与方法的学习不能只局限于课堂层面的理论研习，应注重发挥学生的能动性，通过充分的社会实践，做到理论联系实际，这样学生才能真正掌握相关知识，学以致用。

从高校思想政治教育专业发展现状来看，一些高校的人才培养目标模糊了思想政治教育专业的边界，使思想政治教育专业很难形成自己独有的专门技能和专门知识体系，成了关于马克思主义理论的大杂烩——凡是与马克思主义沾边的专业，都可以说自己是搞思想政治教育的。[③] 还有一些高校把思想政治教育专业当作纯粹的理论类专业来建设，不重视对学生的实践教育，课程设置与社会发展实际联系不紧密，专业发展无法跟上时代步伐。这也导致了在实际工作中，经过了专业学习的思想政治教育工作者对思想政治教育价值的实现途径、实现规律把握不够，在一定程度上忽视了教育对象也就是本专业学生的实际需要，使思想政治教育成了空洞的说教，严重影响了思想政治教育工作的实效性。

（二）课程设置存在偏差

课堂教学是学校教育最普遍的形式。通过课堂教学，教师将教育内容有效地传授给受教育者，对其施加影响。思想政治教育是具有科学性的实践活动。

---

① 白显良：《思想政治教育的马克思主义理论基础研究》，人民出版社，2014年，第24页。
② 陈秉公：《思想政治教育学原理》，高等教育出版社，2006年，第225页。
③ 宋锡辉、桂石见、钱明辉等：《现代思想政治教育专业建设研究——以师范类本科专业为对象》，人民出版社，2010年，第59页。

想把握思想政治教育的内在规律，需要综合多学科的知识和理论，这也对思想政治教育专业的课程设置提出了极高的要求。如何在保证思想政治教育专业意识形态性的同时，凸显其科学性，满足思想政治教育工作的现实发展需要，是高校在设置专业课程时需要考虑的问题。不可否认，目前高校的思想政治教育专业课程设置并不完全合理，加上一些教师教学功底与理论水平不足，敬业精神不够，在课堂上简单重复教材内容，未将经济社会发展的最新理论知识融入教学内容，无法调动学生学习兴趣，导致教育教学实效性不足。这也导致人们对思想政治教育专业产生了一定怀疑，有些人甚至否定思想政治教育存在的必要性，全然忽视了思想政治教育促进人的社会化、提高人的思想政治素质等作用，没有看到思想政治教育有协调利益关系、引领价值方向、维护社会稳定等作用。[1]

思想政治教育专业建设不能回避专业空泛化的问题。高校需要认识到这一问题出现的根源，是部分高校思想政治教育专业在人才培养模式、课程安排、专业培养目标设置方面缺乏针对性、有效性，课程设置看似全面却多而不精，失去了专业深度。而一些教师的课程讲授偏向于说教式、灌输式的理论教学，造成学生学习的获得感不足、专业认同度较低。也有部分教师以考试分数简单评判学生的学业等级，没有把足够的精力投入对学生学习的过程性评价中，对课程内涵把握不够充分，弱化了教学工作的效果。

思想政治教育专业教学改革要把握该专业具有的中共党史学习教育、马克思主义信仰教育、党性教育、道德教育等基本功能。但一些高校的思想政治教育专业课程设置过于偏向教育学、心理学、行政管理学、西方经济学等非马克思主义核心理论课程模块，导致专业属性模糊。再则，一些高校思想政治教育专业课程结构失衡，设置的专业必修课程未能完全符合教育部制定的马克思主义理论类教学质量国家标准，选修课程类型单一，实践课程设置虚化，教学环节薄弱。课程结构松散，缺乏有机的横向联系，忽视内容的纵向发展，造成学生知识结构的割裂和浅薄，很难适应现代社会发展对人才素质规格的多维度需要。[2]

---

[1] 罗洪铁、周琪、王斌等：《思想政治教育学科理论体系演变研究》，中国社会科学出版社，2012年，第86页。

[2] 宋锡辉、桂石见、钱明辉等：《现代思想政治教育专业建设研究——以师范类本科专业为对象》，人民出版社，2010年，第105页。

（三）培养目标与社会需求脱节

思想政治教育专业被国家赋予了培养高素质思想政治工作人才的光荣使命。思想政治教育工作内涵广泛，学校教育、法制教育、宣传工作等工作都与思想政治教育工作相关。因此，高校在进行思想政治教育专业建设时，可根据自身的办学传统、学术特长、地域经济社会发展状况，发展特色和优势专业课程。目前，一些地方综合院校、理工类院校、师范类院校的思想政治教育专业人才培养模式、培养目标相对单一，无法满足社会发展需求。

客观而言，思想政治教育学科面对的问题具有多维性和交叉性，涉及思想教育、政治教育、道德教育、心理教育等诸方面，为解决人们的理想信念、人生道路和价值取向等重大问题，往往需要融合多学科的相关理论、知识和方法。[1] 在当今社会，互联网不仅是一种技术，更是一种生活，构成了一个全新的网络社会。[2] 在数字化时代，网络已成为信息传播的主要渠道和人们日常生活的重要组成部分。网络思想政治教育能够及时适应这些变化，有效传播社会主义核心价值观。有效开展网络思想政治教育需运用思想政治教育原理、方法等引导舆论，引领社会大众的价值取向，有效传播马克思主义相关理论，通过向大众传播主流观念以凝聚人心，促进社会健康发展。[3] 如思想政治教育心理学就是为回应如何在思想政治教育中运用心理咨询和心理健康教育知识、纾解人们的心理压力、促进人们的心理健康等时代问题而产生的一门思想政治教育新兴分支学科。[4] 目前，一些高校的思想政治教育专业课程内容陈旧，难以充分反映前沿成果，理论与现实脱节，造成专业人才不能满足社会发展需求。

四、思想政治教育专业人才培养的着力点

（一）思想政治教育专业人才培养要"顶天"

党的二十大报告强调，"教育、科技、人才是全面建设社会主义现代化国

---

[1] 教育部思想政治工作司、全国高校思想政治教育研究会：《思想政治教育学科设立30周年：高校思想政治教育创新发展研究》，中国书籍出版社，2015年，第14页。
[2] 罗洪铁、周琪、王斌等：《思想政治教育学科理论体系演变研究》，中国社会科学出版社，2012年，第199页。
[3] 李合亮：《解构与诠释：思想政治教育的基本问题研究》，人民出版社，2015年，第127页。
[4] 教育部思想政治工作司、全国高校思想政治教育研究会：《思想政治教育学科设立30周年：高校思想政治教育创新发展研究》，中国书籍出版社，2015年，第13页。

家的基础性、战略性支撑","要坚持教育优先发展、科技自立自强、人才引领驱动,加快建设教育强国、科技强国、人才强国"。这些重要论述深刻阐明了新时代实施科教兴国战略的重要性。① 高校应坚持为党育人、为国育才,全面提高人才培养质量,着力培养能担当民族复兴大任的时代新人。高校思想政治教育专业要立足党和国家事业发展需要,关注具有战略性、前沿性、现实性的理论与实践问题,从而更好地服务于党和国家的战略实施,发挥其在治党治国、资政育人方面的重要作用。②

在中华民族伟大复兴的新征程上,中国式现代化成为中国人民和中华民族经济社会生活的核心命题,也成为新时代思想政治工作改革创新的总基调和总方向③,这也赋予了思想政治教育专业发展的实践依循。从中国式现代化的发展要求与方向上看,新时代思想政治工作的现代化应当坚持中国共产党的领导,坚持中国特色社会主义前进方向,致力于实现思想政治工作的高质量发展,致力于促进全过程人民民主,致力于丰富人民的精神生活。在具体实践方面,思想政治工作的现代化应当把握人口规模巨大的国情特点,解决大国独有的思想政治工作难题;应当为全体人民共同富裕的目标服务,解决人们在致富过程中出现的思想政治问题;应当通过有效的思想政治工作促进物质文明与精神文明的协调发展,在提升人们的精神觉悟和精神境界中促进物质与精神的互益互促;应当为生态文明建设服务,为人与自然的和谐共生提供精神动力和思想保障;应当为中国的和平发展道路服务,更好地促进世界和平与发展,合理有效地向国际国内讲好中国和平发展的思想、道路和故事。④

思想政治教育的本质是意识形态的建构与传播。思想政治教育本科专业应培养一批服务于国家意识形态传播的特殊人才,思想政治教育专业应在主流意识形态宣传教育方面发挥重要作用。⑤ 随着世界各国间交往的不断深入,全球化已从经济领域扩展至意识形态领域。一方面,我们感受着全球化的浪潮中的

---

① 周洪宇:《加快建设教育强国、科技强国、人才强国》,http://www.qstheory.cn/dukan/hqwg/2023-03/13/c_1129429341.htm。
② 张耀灿、孙清华:《思想政治教育学科建设规律性探索与遵循》,《教学与研究》,2022年第12期,第76~77页。
③ 宇文利:《中国式现代化视域下新时代思想政治工作现代化的进向》,《思想理论教育》,2023年第5期,第58页。
④ 宇文利:《中国式现代化视域下新时代思想政治工作现代化的进向》,《思想理论教育》,2023年第5期,第58~59页。
⑤ 张耀灿、孙清华:《思想政治教育学科建设规律性探索与遵循》,《教学与研究》,2022年第12期,第77页。

异质文化，积极吸收异质文化中的积极因素；另一方面，异质文化与我国文化的冲突，实际上是价值观念和意识形态的冲突，不可否认部分国家正是利用文化交流进行价值输出。① 意识形态关乎旗帜、关乎道路、关乎国家政治安全②，这就需要思想政治教育发挥文化引领功能，坚持马克思主义在意识形态领域的指导地位。③

思想政治教育工作是党的政治工作的一部分。思想政治教育包括政治教育、思想教育，即意识形态教育。为更好服务于国家意识形态安全，研究意识形态传播与教育规律成为思想政治教育学科的重要任务。④ 2012年教育部发布的《高等院校本科专业目录介绍》文件，明确指出思想政治教育专业学生应主要学习马克思列宁主义、毛泽东思想和中国特色社会主义理论、思想政治教育的基本理论和基本知识，接受思想政治教育的专业技能与方法的基本训练，掌握从事思想政治教育工作的基本技能。

在思想政治教育的实践中，高校相关专业应适应马克思主义理论宣传和教育的要求，以满足思想政治教育的现实需求。⑤ 2018年教育部出台的《普通高等学校本科专业类教学质量国家标准》在马克思主义理论类专业的培养方向上，明确体现了政治性要求。高校要把培养"厚基础、宽口径、高素质、强能力"的创新型复合人才作为本科教学的目标，使学生具有坚定的马克思主义信仰和中国特色社会主义信念，自觉践行社会主义核心价值观；具有较高的马克思主义理论素养、扎实的基础理论、系统的专业知识和合理的知识结构；能运用马克思主义立场、观点、方法分析和解决实际问题，具有较强的社会实践能力和一定的学术创新能力；能胜任与本专业相关的理论研究、宣传、教学工作，胜任学术管理以及党政群团、企事业单位的实际工作。

一言蔽之，突出政治属性与意识形态性是思想政治教育专业人才培养方向的着力点，只有把思想政治教育专业的学科建设放在马克思主义理论一级学科

---

① 雷志敏、邱华：《增强思想教育"二力二性"的策略探究》，四川大学出版社，2022年，第11页。

② 中共中央文献研究室：《习近平关于社会主义文化建设论述摘编》，中央文献出版社，2017年，第35~36页。

③ 习近平：《高举中国特色社会主义伟大旗帜为全面建设社会主义现代化国家而团结奋斗——在中国共产党第二十次全国代表大会上的报告》，https://www.gov.cn/gongbao/content/2022/content_5722378.htm。

④ 李辉：《思想政治教育学科发展性探析》，《教学与研究》，2022年第12期，第89页。

⑤ 白显良：《思想政治教育的马克思主义理论基础研究》，人民出版社，2014年，第24页。

的层面和视野下,才能为其奠定更加坚实、系统的学科理论基础。① 同时,高校思想政治教育专业应重视对学生实践能力的培养,使学生成为兼具理论素养与实践能力的人才。

（二）思想政治教育专业人才培养要"接地"

改革开放以来,中国社会的组织形态发生了深刻变化。随着人们的就业方式日趋灵活,已有超过半数的城镇从业人员在新经济组织和新社会组织中工作,越来越多的"单位人"变成"社会人"。人们的思想观念与价值取向亦发生深刻的变化。不同的社会阶层和利益群体产生了不同的利益诉求。② 政府的"放管服"改革处于进行过程中,在降低社会风险、维护社会稳定方面的能力还有待提升,这样会出现两个问题:一是党和政府必须通过在意识形态方面的思想政治工作来加强对社会舆论的控制与引导;二是多元利益冲突,使得社会整合成为党和政府的思想政治工作的重要目标。③ 由此可见,在推进国家治理体系与治理能力现代化背景下,思想政治教育将发挥重要作用。

面对基层社会的复杂局面——包括利益主体的多元性、群众诉求的多样性以及社会发展的快速变化等特点——单一的"硬法"（即国家法律）所具有的强制性规范在化解矛盾纠纷时存在局限性。这要求我们构建非诉讼裁决机制,并充分利用思想政治教育工作具有的感染力、双向性、启发性与共鸣性等特点开展工作。思想政治教育工作者要秉承实事求是的基本态度,深入一线进行调查研究,把握群众的思想动态,了解社会矛盾产生的根源,明确群众的利益诉求。加强对群众的思想政治教育和疏导工作（这是我们一贯坚持的方针）,建立干群之间的协调和协商机制,引导全社会形成利益共识,这是化解基层社会纠纷的有效途径之一,也是善用思想政治教育方法的体现。

在社会治理实践中,相关部门要把握好思想政治教育的规律,做到刚柔并济、张弛有度;在办事原则、制度约束等方面要体现刚性的一面,在情感、交往等方面要体现柔性的一面。思想政治教育在社会治理中发挥着重要作用,特别是在整合社会思想、引领主流价值观、疏导社会心理、规范社会行为、协调

---

① 石书臣:《正确把握思想政治教育本科专业的学科支撑》,《理论视野》,2014年第8期,第18页。
② 傅治平:《理论强党、思想富国——学习胡锦涛十六大以来重要论述》,人民出版社,2007年,第16页。
③ 李合亮:《解构与诠释:思想政治教育的基本问题研究》,人民出版社,2015年,第127页。

社会关系、维护社会稳定以及批判错误思潮等方面。①

思想政治教育具备使活动制度化并转化为制度的基础品质。制度性是思想政治教育的基本保障。为此，开展思想政治工作也要遵循共建、共治、共享的社会治理制度，创新开展社会组织的思想建设、政治建设和文化建设，帮助其成员思想解惑、精神解忧、文化解渴，强化其自律功能、协调功能和凝聚功能，把矛盾化解在内部，促使组织活力充分彰显。

思想政治教育是一定社会、国家、阶级或社会集团自觉地对其成员实施有组织、有计划的教育和影响的社会实践型活动。进言之，思想政治教育专业是与社会生活和人们的思想实际相联系的，它要反映社会实践，解释各种社会现象，但又不只是对社会现象作出解释，它要能够引导社会生活，指导社会实践的发展。②

面对工作对象的主体意识和多样需求，思想政治教育工作需要以统一思想、凝聚共识为导向，把政治宣传优势转化为人民群众对党和国家事业建设的高度认同；以满足人民美好精神生活需要为导向，更加关注企业、农村、机关、学校、社区等领域各类群众的政治诉求和文化需求，推进基层群众性精神文明与思想道德建设，注重人文关怀与心理疏导，教育启迪与环境熏陶。思想政治教育工作要把解决思想问题与解决实际问题相结合。

在思想政治教育实践中，广大思想政治工作者要发挥能动作用，主动探索思想政治教育的内在规律，促进思想政治工作发展。思想政治教育工作也是受教育者能动配合的实践活动，当受教育者意识到正确的思想政治道德对于提升他们的自我价值具有重要意义，他们将主动参与思想政治教育工作，以正确的世界观、人生观、价值观指导自身实践，在实现社会价值中推动社会进步。③思想政治教育工作者要提升受教育者的综合素养、思想政治积极性。④

---

① 郑永廷、田雪梅：《社会治理与思想政治教育的发展》，《思想理论教育》，2017年第6期，第11页。

② 宋锡辉、桂石见、钱明辉等：《现代思想政治教育专业建设研究——以师范类本科专业为对象》，人民出版社，2010年，第176页。

③ 张毅翔：《思想政治工作整体性发展的逻辑必然与体系建构》，《思想理论教育导刊》，2022年第11期，第143页。

④ 宇文利：《中国式现代化视域下新时代思想政治工作现代化的进向》，《思想理论教育》，2023年第5期，第61页。

第二节 思想政治教育专业建设的定位

一、思想政治教育专业建设的定位要求

专业定位是高校专业建设的质量保障。专业建设与发展要关注社会和行业发展中的"瓷器活",根据"瓷器活"来练就自身的"金刚钻",即从庞大的知识体系中明确应将哪些知识领域作为重点,在需求和供给之间寻找最佳的结合点。[①] 基于社会需求变化,经过数十年的发展历程,高校思想政治教育专业的人才培养目标,从最初的培养专门的"政工干部",发展到培养既能在学校和科研机构从事本专业的教学、研究工作,又能在党政机关、企事业单位从事以本专业为基础的宣传、组织、管理、思想政治工作的复合型人才,人才培养口径不断变宽。[②] 虽然目前高校中思想政治教育学专业较受重视,研究者很多,但是一些研究者固守传统的理论和方法,没有运用新理念、新方法解决时代课题,研究力量弱,难以满足社会对复合型人才的需求。[③]

针对这些问题,有学者认为可将思想政治教育专业的理论运用于社会实践中,并吸收借鉴心理学、政治学、社会学、伦理学、传播学、教育学等相关理论,提出更新、更多、更有效的理论和方法。[④] 该论断有一定的合理性。因为,人文社会科学内部存在一定的交叉性。就思想政治教育转型发展的趋势看,在交叉学科研究范式端倪初现的语境下,如果仅运用单一的视角、片面的方法、地方性知识对思想政治教育及其转型发展进行理论研究和考察解释,本身就是不科学的,无法从总体上把握全局,既不能让人信服,也不能适应现代思想政治教育理论研究和实践发展的需要。[⑤]

[①] 杨彩霞、张邦卫:《新建本科院校内部学科建设质量保障体系的建构与实施》,《学位与研究生教育》,2021年第1期,第58页。
[②] 康秀云、郗厚军:《关于思想政治教育专业本科课程设计的几点思考》,《思想理论教育》,2015年第9期,第67~68页。
[③] 裴云:《破茧:思想政治教育专业改革研究》,经济日报出版社,2016年,第403页。
[④] 裴云:《破茧:思想政治教育专业改革研究》,经济日报出版社,2016年,第404页。
[⑤] 孙其昂:《思想政治教育的转型发展及挑战》,《学校党建与思想教育》,2017年第15期,第18页。

思想政治教育专业的培养目标是"坚持全面发展观，促进人的自由全面发展"①。据此，以人的全面发展为逻辑基点，可突破单一学科知识的束缚，实现跨学科视野的建构，也符合实事求是、与时俱进的马克思主义观。例如，思想政治教育中包含管理的因素，与管理有密切关系，思想政治教育专业亦可大胆借鉴西方管理学科的合理成分，以增强思想政治工作管理理论的规范性和实践性②。再如，思想政治教育都是以具体的、历史的形式存在着，不存在超越具体的历史的形态的思想政治教育。③而波澜壮阔的近代历史和地方乡土历史可为思想政治教育提供丰富的素材。

二、思想政治教育专业建设的定位方向

思想政治教育本科专业是思想政治教育专业、思想政治教育学科、思想政治教育事业的基础，也是思想政治教育需要认识的"事实"或"实际。"推进思想政治教育本科专业建设和发展，对思想政治教育本科专业的特殊性进行审视，成为当下思想政治教育专业建设的重要任务。④思想政治教育专业的专业特性还体现在专门人才知识体系的建构与职业素养的培育。

（一）凝练高校办学方向

把握专业的定位离不开对高校办学方向的凝练。新时代地方高水平大学建设之道在于坚持特色办学，推动差异化发展。科学的办学定位既是一所高校发展的良好起点，同时也是高校实现个性化发展、提升核心竞争力的前提。地方高校要勇于实施差别化竞争战略，在科学分析自身历史积淀和办学成效的基础上，有所为有所不为，将相对有限的办学资源集中在那些最能体现区域自然资源、地域文化、主导产业特点而且具有相应优势积累的学科专业上，让其成为特色的生长点⑤。换言之，地方高校作为我国高等教育的重要组成部分，在为地方社会经济发展培养人才、提供智力支撑方面发挥了重要作用，其开办专业应与地方市场需求相吻合。

---

① 张耀灿：《现代思想政治教育学》，人民出版社，2006年，第141页。
② 裴云：《破茧：思想政治教育专业改革研究》，经济日报出版社，2016年，第250~251页。
③ 白显良：《思想政治教育的马克思主义理论基础研究》，人民出版社，2014年，第115页。
④ 孙其昂：《对思想政治教育本科专业特殊性的审视》，《思想理论教育》，2016年第7期，第26页。
⑤ 刘望：《以特色强本色：新时代地方高水平大学建设之道》，《中国高等教育》，2022年第19期，第13页。

（二）推动"新文科"建设，对接国家和社会需求

2020年，教育部召开新文科建设工作会议，发布《新文科建设宣言》，明确提出了"构建世界水平、中国特色的文科人才培养体系"的任务目标。新文科建设背景下，人文社会科学专业教育需要对接国家和社会重大战略需求，培养国家和社会急需的专门型人才。学科交叉融合是新文科建设的理念核心，需要通过学科交叉与融通来实现现有文科专业的转型升级。①"新文科"理念的提出不是偶然。它是在传统文科的基础上，面对全球科技革命和产业变革的发展趋势，为适应国际竞争在国家制度和民族文化层面集中展开的趋势，回应中国特色社会主义进入新时代后对文化发展的深度需求，而对我国的文科教育进行的系统的改造升级，以继承与创新、交叉与融合、协同与共享为主要途径，促进跨学科和跨专业的深度融合。②

遵循新文科建设理念，地方高水平大学应以"双一流"建设作为学校发展的契机，以特色和优势学科为轴心，精心构筑多学科专业交叉、融合的教学科研平台。③学界对该问题有过广泛的讨论④。

三、特色专业的建设路径——以内江师范学院等院校为例⑤

不同层次的高校，其专业特色的建设路径各不相同，在专业建设理念、人才培养目标和计划，以及课程设置、教学手段和方式等方面，既有共性，也有个性。地方高校的思想政治教育专业建设，必须结合国家质量标准、地区专业人才需求情况，以适应高校所在地区社会经济发展的需求，同时结合本校的实

---

① 范明献、肖雪：《学科交叉与协同融合：新文科背景下的研究生培养模式改革》，《中国高等教育》，2022年第24期，第54页。

② 杨立英：《新文科视域下创新创业人才培养机制构建》，《中国高等教育》，2023年第4期，第65页。

③ 刘望：《以特色强本色：新时代地方高水平大学建设之道》，《中国高等教育》，2022年第19期，第13~14页。

④ 陈天柱等学者认为思想政治教育专业有以下几个特点：①理论性。掌握马克思主义理论，探索思想政治教育规律，为我国主流意识形态服务，以从事宣传思想政治教育工作为己任。②综合性。专业课程涵盖哲学、政治学、法学、社会学、经济学、历史学、教育学、心理学等学科。③实践性。思想政治教育贴近人的培养的教育实践活动，面对纷繁复杂的人的思想和社会观念，与人们丰富的实践活动相结合。④发展性。随着我国国际化进程的加快，社会文化和价值观的多元化加深，社会转型背景下思想政治教育也具有发展性。参阅陈天柱：《思想政治教育专业应用型人才培养模式的重构思考》，《乐山师范学院学报》，2015年第3期，第137页。

⑤ 本部分资料由内江师范学院政治与公共管理学院副院长岳家斌副教授提供，谨致谢意。

际，凝练本校思想政治教育专业的独有特质，不断提高专业办学水平和人才培养质量。需要指出的是，专业的特色是与学校的定位和优势紧密结合的，思想政治教育专业要实现特色化内涵式发展，就应该充分考虑学校的定位，充分发挥学校的办学特色。①

（一）内江师范学院特色专业建设经验

四川省属师范本科高校内江师范学院是支撑和保障四川省域经济社会事业发展的重要的人才高地，其开办的思想政治教育专业高举教师教育旗帜。该专业的前身是1984年9月成立的内江师范高等专科学校政史教育专业，2000年设置思想政治教育专业，2004年取得法学学士学位授予权，2009年被确立为四川省特色专业。2012年，该校思想政治教育专业与四川师范大学联合开展了教育硕士（思政方向）研究生的联合培养工作。

从该校思想政治教育专业的定位来看，该专业注重培养具有坚定政治立场和马克思主义理论修养的人才，使学生掌握哲学、法学、政治学、经济学、伦理学等学科基本知识和思想政治教育基本原理，培养能胜任思政理论课教学、德育与思想政治教育工作的中小学教师。在人才培养体系中，该专业注重对学生实践技能、研究能力的提升。

内江师范学院思想政治教育专业四年全程贯穿教育见习、教育研习、教育实习，逐步从认知、情感、实践上提高学生综合素养；聘请一批丰富实践经验的一线中学教师，担任专业课程教育与实践教学工作。

内江师范学院思想政治教育专业在课程体系中设置了科研论文与写作、教育研究方法与实践、社会调查与统计分析等研究课程，并与学年论文、读书报告会、大学生创新创业项目等结合，深化学生发现问题、研究问题和解决问题的研究能力。

（二）内江师范学院特色专业建设成效

内江师范学院思想政治教育专业建设成效显著。

1. 学生专业能力突出，综合素质水平高

在全省教育主管部门主办的省师范生教学能力大赛中，内江师范学院学生取得了四川省师范生技能大赛政治组第一名的好成绩；在中国高等教育学会举

---

① 李春梅、林伯海：《新文科战略背景下思想政治教育专业建设的探索与实践》，《学校党建与思想教育》，2022年第17期，第13页。

办的全国师范院校师范生教学技能大赛中，专业学生14人次获得特等奖和一等奖；在省级教育主管部门主办的"爱我国防演讲"省级比赛中，思想政治教育专业一名学生作为全校唯一进入决赛的选手，取得了二等奖的好成绩。

2. 人才培养质量过硬，学生考研、就业率高

该校学生到岗后，深受用人单位好评。从发展规划上，该校夯实师范教育办学基础，着力提升办学层次，围绕学校"以本科教育为主，积极发展研究生教育，协调发展其他教育"的办学层次目标，专业将夯实基础，依托当前卓越教师项目建设基础及师范专业认证目标任务与四川省级一流专业建设具体目标，明确高素质教育工作者的培养目标，细化师范专业人才培养分层次目标类型，深化人才培养体制、机制改革，进一步优化教学方法及课程考核方式，做精做优对师范生的培养。

3. 强化"政治"属性，深化校地合作

内江师范学院强化"政治"属性，深化校地合作，凸显专业发展特色与优势。鉴于思想政治教育专业的"政治性"特色，加强马克思主义基础理论课程建设，在人才培养方案中增设"毛泽东思想和中国特色社会主义理论体系概论""中国共产党历史"等专业属性较强的理论课程。另外，该专业邀请学校"思政课"教学名师通过共同授课、协助备课、参与考核等灵活方式实现学科"专业化"与"通识性"的融合。

在校地合作方面，该校依托省社科基地平台四川廉洁文化社科普及基地与地市级社科平台内江预防腐败研究中心，促进思想政治教育与廉洁文化教育深度融合，同时充分发挥廉洁文化宣讲实践队等学生社团的课外实践活动作用，提升协同育人的效果，增强专业发展优势。

4. 完善协同育人机制，实现专业应用型方向的发展

内江师范学院思想政治教育专业口径宽、适应面较广，近年前往企事业单位工作的毕业生比例逐年提升。结合社会对人才需求的变化，该校思想政治教育专业细化人才培养模式的三分式改革，深化人才培养体制、机制改革，在保持师范类课程课时与实践学时不变的基础上，适度增加专业人才培养方案中"专业发展方向课程"的数量，进一步完善人才培养的知识结构，以科学性与合理性为原则，拓宽专业学生在教育行业之外的党政机关及企业的就业渠道，增强学生就业竞争力。

（三）其他高校思想政治教育专业建设经验

1. 四川文理学院

四川省属师范本科高校四川文理学院的思想政治教育专业立足区域，高举教师教育旗帜。从培养目标看，该校思想政治教育专业以高素质应用型复合型人才培养为目标，立足川东、面向全川、辐射西南，培养具备马克思主义理论素养，拥有深厚学科功底的人才。这样的人才应当能够用马克思主义立场、观点、方法分析和解决中学思想政治课堂中遇到的教学创新、教育改革研究、教师专业发展、学生健康成长等实际问题。

2. 西南交通大学

以工科为主的"双一流"高校西南交通大学，其思想政治教育专业以打造优势突出、特色鲜明的交通思想政治教育专业为目标，以服务交通强国战略和"一带一路"建设为牵引，在培养方案建设、教学体系建设、师资团队建设三个方面进行了积极探索与实践，为"行业＋思政"的特色发展提供了一条可借鉴的路径。①

课程是专业发展的核心要素，该校在培养方案上，通过深度挖掘学校发展历程和轨道交通相关优势学科中的思政元素，将百年交大铁路报国、交通强国的精神文化充实到思想政治教育课程内容中，实现了课程内容上思政专业知识和交通知识的融合。

在课程设置上，西南交通大学思想政治教育专业以改革人才培养方案为切入点，围绕交通行业思政相关岗位需要，确定人才应具有的关键职业技能和职业素质，设置专业基础课程、专业核心课程和交通通识课程，并配置相应的学分，形成了专通融合的课程模式。

此外，该校还进行课程形式的创新，定期举办以"交通"为主题的学生创新学术讲座。通过将交通元素渗透到课程内容、课程设置、课程形式，该校实现了交通元素与思政内容的深度融合。②

---

① 李春梅、林伯海：《新文科战略背景下思想政治教育专业建设的探索与实践》，《学校党建与思想教育》，2022年第17期，第13~14页。

② 李春梅、林伯海：《新文科战略背景下思想政治教育专业建设的探索与实践》，《学校党建与思想教育》，2022年第17期，第14页。

四、西南政法大学思想政治教育专业建设的经验

新时代我国全面建设社会主义现代化国家需要大量法制教育人才，无论是高等院校、中小学或其他教育机构、社会团体、企事业单位，都增加了不少此类工作岗位，这为西南政法大学思想政治教育专业凝练专业特色提供了非常广阔的空间。

（一）明确办学定位

行业特色型高校的办学定位是指面向特定行业培养应用型人才、开展应用型研究和直接为特定行业服务。行业特色型高校从诞生之初便具有显著的行业背景，并在长期的教育实践中孕育了独特的专业文化。行业特色型大学的使命不仅体现了其办学定位和发展理念，也强调其应有的社会责任、行业义务。新时代，行业特色型高校应坚守使命，依据国家发展主题和战略进行调整，厚植家国情怀，做到与国家同呼吸、共命运、心连心，不断探索高水平行业特色型大学建设之路。[①] 从行业特色型高校人才培养使命的角度讲，行业特色型高校承担着向行业培养输送高素质专业人才的重要职责，以独具特色、卓有成效的思想政治工作助力人才培养质量提升，是行业特色型高校办学治校的优良传统和看家本领。[②]

西南政法大学思想政治教育专业除了为大、中、小学思想政治课教师岗位提供人才，还致力于为党务群团、企事业单位等机构培养社会管理人才。[③] 2017年12月，西南政法大学第八次党代会报告指出，要提升学科专业社会服务成效，创新社会服务体制机制，促进学科、人才、科研与经济社会发展互动，提升服务社会的能力和水平。[④] 故西南政治大学在思想政治教育专业人才培养模式的顶层设计上强化专业化与职业化，重视学生社会实践的参与、领导能力的培养，实现从关注知识型教育向关注能力型教育、创造型教育转变。

[①] 刘新波、程荣晖：《行业特色型高校高质量人才培养的探索与实践》，《中国高等教育》，2022年第23期，第37~38页。

[②] 武贵龙：《探索行业特色型高校思想政治工作高质量发展新范式》，《中国高等教育》，2024年第7期，第37页。

[③] 康秀云、郗厚军：《试论马克思主义理论学科人才培养供给侧改革》，《思想政治教育研究》，2016年第2期，第21页。

[④] 西南政法大学第八次党代会报告：《知危图强担使命 扬鞭奋蹄谱新篇 以加快"双一流"建设引领学校内涵发展特色发展》，2017年。

（二）突出"政法"特色

西南政法大学坚持"聚焦学科优势特色"的育人理路，强化行业特色型高校的学科内涵建设，形成特色显著的一流学科群；通过重点建设学科的优势互补、群聚交叉和整体带动效应，构建学科群和学科高原，形成不同学科和学科方向的"梯次"发展格局。[1]

西南政法大学的思想政治教育专业突出"政法"教育的办学特色。法治观念的直接指向是社会主体的外在行为规范，思想政治教育为法治教育提供内在价值取向；法治观念现代化为思想政治教育提供外在行为规范指向，二者互为因果。[2]

西南政法大学思想政治教育专业建设遵循本科专业建设规律、教书育人规律和学生成长规律，抓好教学目标设计、课程设置、教材编写、教学改革、教书育人、考核评价等环节，构筑起了"思政"育人大课堂。

（三）培养复合型人才

以复合型人才为培养定位，突出学科、专业之间的交融性，特别是突出法制教育的培养方向，是政法行业高校思想政治教育特色专业建设可行的路径。

西南政法大学思想政治教育特色专业的人才培养方向是：努力培养具有深厚法学基础、熟练掌握互联网信息技术，具备管理学综合素质，能够在政府机关、军队或其他企事业单位从事思想政治工作、行政管理工作与教育工作的复合型人才。

西南政法大学力求打通校内学科壁垒，整合校内行政法学院、政治与公共管理学院相关教学、课程、教师资源，汇聚力量，综采哲学、法学、马克思主义理论、政治学、历史学之长，为思想政治教育专业提供方法、思维补充。西南政法大学法学、政治学、新闻传播学等优势学科资源也推动了思想政治教育专业的发展。

（四）专业建设特色

1. 精准把握专业设置特色，突出法制教育的办学方向

有学者指出："思政专业教学改革的推进更多地取决于思想政治教育专业

---

[1] 刘新波、程荣晖：《行业特色型高校高质量人才培养的探索与实践》，《中国高等教育》，2022年第23期，第38页。

[2] 石雁：《法治教育中的思想政治教育渗透》，《思想教育研究》，2013年第2期，第58页。

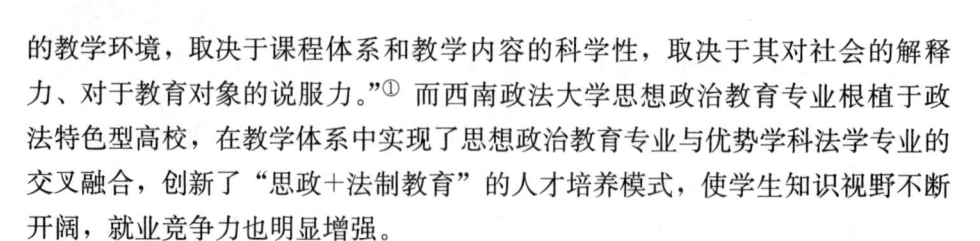

的教学环境，取决于课程体系和教学内容的科学性，取决于其对社会的解释力、对于教育对象的说服力。"[1] 而西南政法大学思想政治教育专业根植于政法特色型高校，在教学体系中实现了思想政治教育专业与优势学科法学专业的交叉融合，创新了"思政+法制教育"的人才培养模式，使学生知识视野不断开阔，就业竞争力也明显增强。

2. 构建宽口径、多模块的课程体系

课程始终是人才培养的核心要素，西南政法大学思想政治教育专业课程设置以基础课、核心课为龙头，以法制课为特色。具体来说，该课程框架力争做到厚植马克思主义理论教育的基础，注重多学科视野的融入，与传播学、法学等学科交叉融合，以培养马克思主义传播人才、马克思主义法制教育人才为目标。

3. 构建"一体多元、双向互动"的教学模式

"一体多元"是指坚持教学以学生为主体，以提高办学质量为出发点，以深化教育教学改革为突破口，在建设上下功夫，在改革中找出路，尽其所想，用其所能，积极通过多平台、多手段、多渠道、多形式来实现专业培养目标。在教学方面，院校引进校外导师资源，采取"双向互动"教学法，将基本理论讲授与案例讨论"双向结合"，以提高教学质量。

需要指出的是，以"法制教育为特色"的办学思想和办学定位符合教育部2012年发布的《高等院校本科专业目录介绍》的要求，即明确思想政治教育专业的主干学科是马克思主义理论、政治学、教育学。思想政治教育专业人才培养要突出法制教育特色，在人才培养中不仅要注重法学导论、司法制度、法史文化、诉讼文化等突出"西政特色"的课程，也应注重马克思主义理论素养这个核心素质的培育[2]，引导学生在瞬息万变的社会中担负社会价值建构、思想引领、理论武装、政治导航、道德培育等方面的重要使命[3]，自觉地夯实基础理论。[4]

---

[1] 倪素香、靳文静：《思想政治教育专业发展的现状与未来——第四届思想政治教育专业协同建设研讨会综述》，《学校党建与思想教育》，2016年第11期，第92页。
[2] 白显良：《思想政治教育的马克思主义理论基础研究》，人民出版社，2014年，第230页。
[3] 白显良：《彰显思想政治教育学科综合性需要把握的几重关系》，《思想理论教育》，2016年第7期，第62页。
[4] 倪素香、靳文静：《思想政治教育专业发展的现状与未来——第四届思想政治教育专业协同建设研讨会综述》，《学校党建与思想教育》，2016年第6期，第93页。

（五）专业建设成效

在学校的大力支持下，西南政法大学思想政治教育专业人才培养取得了良好的效果，学生的综合素质明显提高，颇受用人单位的欢迎。据不完全统计，截至 2023 年，西南政法大学思想政治教育专业已经培养了 19 届本科毕业生，累计超过 1500 余人，就业率长期稳定在 96％以上。

目前，该专业毕业生主要在企事业单位等从事教育管理工作。这种专业建设成效得益于学校良好的专业定位，具体来讲有以下四点。一是在人才培养的定位与规格方面，强调厚基础、宽口径、重应用、高技能的统一，强调通识教育与专才教育、技能教育相结合，使学生具有扎实的理论功底、较强的公文处理能力、组织协调能力、运用专业知识解决实际问题的能力。二是在人才培养的顶层设计上，既突出专业教育的基本属性马克思主义理论教育，也突出了专业的交叉融合性——以法学学科为依托，以思想政治教育为主体，多学科相互融合，办学特色鲜明、核心竞争力较强。三是在人才培养的特色上，坚持以党建工作为引领，创新发展五个"一对一"，以大学生党员志愿者协会为平台，打造拔尖党员人才平台，坚持开放办学、服务社会，突出理论教育与社会实践之间的统筹联动。四是在人才培养的成效上，既培养出了一大批适应基层政府机构、企事业单位的复合型人才，也培养出了一批业务素质精良、适应高校思想政治工作的专门人才。

第二章 高校思想政治教育专业建设的内容形态

第一节　构建思想政治教育专业建设格局

一、思想政治教育专业建设历史沿革——以西南政法大学为例

西南政法大学思想政治教育专业正式创办于 2001 年,但在西南政法大学的发展历史上,这个专业的历史可追溯至 1950 年设立的政治理论教研室,该教研室最初主要承担全校政治理论课教学及科研工作。1958 年,该教研室更名为政治教育系,同时招收政治教育专业本科学生。1966 年,西南政法大学停办,各专业停止招生。1978 年,学校恢复招生后,设置政治理论教研室,1988 年成立马列主义教研部。马列主义教研部承担全校政治理论课的教学与科研工作,取得了骄人的成绩。

2001 年,西南政法大学在马列主义教研部的基础上成立了政治学院,政治学院在继续强化公共理论课教学的同时,正式创办思想政治教育本科专业。2012 年,西南政法大学马克思主义学院成立,思想政治教育专业归属于马克思主义学院,由思想政治教育专业教研室具体负责人才培养方案的制定、课堂教学实践安排、教学方法改革以及实践育人等工作。

西南政法大学思想政治教育专业现为国家级一流专业和重庆市特色专业建设点,专业支撑学科马克思主义理论为重庆市重点学科,获批马克思主义理论一级学科硕士学位授予权,下设四个二级学科硕士学位授权点,并与法学学科联合培养马克思主义法律理论及党内法规建设博士研究生;[①] 2019 年入选重庆市一流建设专业,2021 年获批国家级一流本科专业建设点。

二、思想政治教育专业建设特色与现实需要

---

① 西南政法大学专业设置：https://www.swupl.edu.cn/zxgz/xkjs/zysz/index.htm。

（一）政法特色型高校思想政治教育专业建设特色

思想政治教育专业是一门运用马克思主义理论，专门研究人们思想品德的形成、发展以及思想政治教育规律的学科。该专业旨在培养人们正确的世界观、人生观和价值观，这决定了思想政治教育专业的知识体系具有广博性，其办学方向则具有实践性。

思想政治教育从业人员的根本任务是做好人的思想认识和转化工作，结合具体的历史条件，揭示党的工作、斗争和事业的思想政治意义，使工作对象团结在党中央周围，为全面建设社会主义现代化国家而团结奋斗。在建设中国特色社会主义事业中，思想政治教育人才承担着重要的使命，并发挥着越来越突出的作用。[1]

政法特色型高校西南政法大学开设的思想政治教育专业，是重庆市高校中唯一的非师范类思想政治教育专业。此外，该专业还是全国最早明确以法制教育为办学方向的思想政治教育专业之一。

从专业特色看，西南政法大学思想政治教育专业依托独特的学科资源优势，综采法学、马克思主义理论、政治学、心理学等学科之长，定位非师范类专业，坚持以马克思主义经典理论研究为基础，以法制教育研究为特色，推动法学、政治学与马克思主义理论的交叉融合，实现与综合性大学的错位发展，建设在重庆市乃至全国都具有鲜明特色的思想政治教育专业。

（二）政法特色型高校思想政治教育专业建设的现实需要

1. 全面依法治国需要精通"法"的人才

习近平曾指出，全面依法治国是国家治理的一场深刻革命，关系党执政兴国，关系人民幸福安康，关系党和国家长治久安；必须更好发挥法治固根本、稳预期、利长远的保障作用，在法治轨道上全面建设社会主义现代化国家。[2]

在思想政治工作实践中，党和国家基于宪法、法律和政策规定，根据思想政治教育条件的变化和思想政治教育自身的现实需求，在不同时期制定了一系列关于思想政治教育的规范性文件，形成了各层次、各环节、各方面的思想政

---

[1] 宋锡辉：《现代思想政治教育专业建设研究——以师范类本科专业为对象》，人民出版社，2010年，第52~53页。

[2] 《习近平强调坚持全面依法治国，推进法治中国建设》，https://www.gov.cn/xinwen/2022-10/16/content_5718818.htm。

治教育制度体系，保障了思想政治教育目标任务的顺利完成，也为思想政治教育创新发展提供了制度遵循。①

提高民众基本法律素质，建设社会主义法治文化，培养一批精通"法"的思想政治教育人才，有利于推动依法治国的实现。

2. 加强意识形态工作，需要会"传播"的人才

党的十九大报告明确指出，意识形态决定文化前进方向和发展道路。必须推进马克思主义中国化时代化大众化，建设具有强大凝聚力和引领力的社会主义意识形态，使全体人民在理想信念、价值理念、道德观念上紧紧团结在一起。②党的二十大报告也指出，要坚持马克思主义在意识形态领域指导地位的根本制度，坚持为人民服务、为社会主义服务，坚持百花齐放、百家争鸣，坚持创造性转化、创新性发展，以社会主义核心价值观为引领，发展社会主义先进文化，弘扬革命文化，传承中华优秀传统文化，满足人民日益增长的精神文化需求，巩固全党全国各族人民团结奋斗的共同思想基础，不断提升国家文化软实力和中华文化影响力。③

加强意识形态传播工作，离不开高素质的思想政治教育人才。在当前全球化和信息化的大背景下，意识形态领域的竞争日益激烈，这要求我们不仅要有坚定的政治立场和深厚的理论功底，还要具备敏锐的社会观察力和高效的信息处理能力。高素质的思想政治教育人才，能够深刻理解国家的发展战略和政策导向，准确把握时代脉搏，及时回应社会关切，有效引导公众舆论。

---

① 赵继伟：《系统推进思想政治教育现代治理论略》，《学校党建与思想教育》，2022年第23期，第39页。
② 李合亮：《建设具有强大凝聚力和引领力的社会主义意识形态》，http://theory.people.com.cn/n1/2018/1128/c40531-30428980.html。
③ 《习近平提出，推进文化自信自强，铸就社会主义文化新辉煌》，https://www.gov.cn/xinwen/2022-10/16/content_5718819.htm。

第二节　丰富思想政治教育专业建设体系

一、完善思政专业人才培养方案

"课程"一词的定义，从广义上讲，是指在学校的规定下，在教师的组织下，学生在学校所获得的经验的总体；从狭义上讲，是指学校教学内容和进程的总和。具体到高等教育领域，"课程"则指一个系或一个专业的教学计划中各教学科目及其系统，包括为促进学生个性的全面发展而营造的学校环境的全部内容。[1] 一般来说，高等学校课程体系主要反映在基础课与专业课、理论课与实践课、必修课与选修课之间的比例上。

目前，我国思想政治教育专业课程体系与课程设置的改革应在引入创新与竞争机制的基础上，强调下放课程设置自主权，注重课程群和跨学科课程的设置。[2]

（一）人才培养方案概况

人才培养方案是人才培养体系的重要组成部分。它作为体现教育教学理念和实现专业建设目标的顶层设计，对于培养具有特色、质量优良的复合型、应用型人才具有重要意义。人才培养主要是通过课程教学这一学校教育的基本载体来实现的。[3] 为此，高校应科学制定思想政治教育专业人才培养方案，不断完善思想政治教育课程体系。

高校的人才培养方案应遵循以下原则与理路。

1. 对标国家本科专业建设标准

人才培养方案应严格对标国家本科专业建设标准，重视并加强本科阶段对大学生的马克思主义理论基础课程教育。高校应积极开设包括"马克思主义哲

---

[1] 宋锡辉：《现代思想政治教育专业建设研究——以师范类本科专业为对象》，人民出版社，2010年，第107页。
[2] 宋锡辉：《现代思想政治教育专业建设研究——以师范类本科专业为对象》，人民出版社，2010年，第110页。
[3] 张澍军：《思想政治教育学科建设研究》，人民出版社，2014年，第46页。

学""马克思主义政治经济学原理""马克思主义经典著作导读"以及"中国共产党党史"等在内的马克思主义理论类课程,培养具有扎实马克思主义基本素养的高层次人才。

2. 将优势专业与思想政治教育专业深度融合

结合政法行业特色型高校的自身优势,突出学校法学、新闻传播学等优势专业与思想政治教育专业的深度融合,是培养高素质思想政治教育人才的重要途径。这种融合不仅能够凝练和塑造专业特色,还能为学生的全面发展提供坚实的基础。例如,法学作为政法院校的传统优势学科,可为思想政治教育专业的学生提供坚实的法律知识基础。学生在学习法学的过程中,可以深入理解法律的内在逻辑和价值追求,这对他们在未来的思想政治教育工作中坚持法治原则、传播法治精神具有重要意义。

3. 规范课程建设管理

高校应制定课程建设和管理的相关制度,规范课程大纲、课程教学进度表、课程教案等教学资料的撰写,以着力提升教育教学效果。在教学内容方面,应积极推进一流课程建设;在教学方法方面,以课堂教学为重点,鼓励教师采用启发式、参与式、研讨式等教学法,并探索以翻转课堂为特征的混合式教学模式。

经过三十多年的学科建设,思想政治教育专业培养体系已基本定型。思想政治教育专业已建立起包括"思想政治教育学原理""思想政治教育学方法论""中国共产党思想政治教育史""比较思想政治教育"等核心课程,同时,价值观教育、人生观教育、道德观教育等分支领域也得到了发展。实践证明,该专业的人才培养体系具有较强的科学性。①

课程是教育思想、教育目标和教育内容的主要载体,集中体现国家意志和社会主义核心价值观,是学校教育教学活动的基本依据,直接影响人才培养质量。② 高校人才培养方案的设置必须落实到课程和教学上,要把培养和提高学生的综合素质作为课程设置的目标,把课程体系从以知识为本转向以人的整体发展为本,把文化科学知识体系、能力培养体系和素质教育体系有机地结合起来,以实现知识、能力、素质三大功能的协调融合,从而有效激发出受教育者

---

① 李辉:《关于提升思想政治教育专业人才竞争力的思考》,《思想教育研究》,2019年第3期,第35页。

② 梁超锋:《思想政治教育专业课程建设若干问题研究》,《学校党建与思想教育》,2021年第5期,第9页。

的创新潜能。①

(二) 完善人才培养方案的方法——以西南政法大学为例

西南政法大学教务处在 2018 年专门成立了思想政治教育专业人才培养模式改革小组，根据国家政策要求和思想政治教育专业人才培养需求，制定了人才培养方案。改革小组坚持把人才培养方案作为制定教学质量标准的依据，细化了质量目标要求，并建立了相应的工作制度，实施教学质量管控。

马克思主义学院作为思想政治教育专业人才培养工作的实施单位，多次组织专家论证，先后召开了学院党政联席会，学习和借鉴了国内知名高校同一专业人才培养方案修订经验，最终确定了该专业的新版人才培养方案。该人才培养方案具有以下特色。

1. 注重加强思想政治教育专业相关课程建设

首先，加强思想政治教育专业公共课程模块建设。职业基础能力课是思想政治教育专业课程体系、课程设置和教学内容建设的基本内容，应具有比较完整的学科体系和相对稳定的教学内容。高校要注意正确处理专业公共课程与高校公共政治理论课的关系，在突出思想政治教育专业性的同时，为学生的综合发展奠定扎实的基础。同时，高校还要注意突破一般公共基础课主要包括普通公共课程、教育公共课程和文化素质教育公共课程的传统模式，加强和突出科学人文素质课和专业性的职业基础能力课程建设。

其次，加强思想政治教育专业课程模块的建设，为学生学习专业理论、进行专业拓展、掌握专业技能奠定扎实基础。专业基础课是专业课的基础，要用现代文化、科技发展的新成果充实和更新专业基础课的教学内容。专业基础课既要有包括本专业的基础知识、基本理论和基本技能的课程，也要有包括相邻专业的基本知识内容的课程。

最后，加强实践性教学，培养学生的创新精神和实践能力。实践教学是课程体系中极其重要的环节，它主要包括教育实习、教育见习、社会调查、毕业论文等，对提高学生综合素质，培养学生创新精神和实践能力，有着不可替代的特殊作用。②

---

① 石玉平、杨福荣、刘刚：《思想政治教育专业创新型人才培养模式探索与实践》，中国社会科学出版社，2017 年，第 90 页。

② 宋锡辉：《现代思想政治教育专业建设研究——以师范类本科专业为对象》，人民出版社，2010 年，第 113 页。

2. 明确专业培养目标

首先,通过核心职业素养教育,应该使学生了解国家的路线、方针、政策,形成良好的思想道德修养和社会主义法治理念;掌握一定的人文社会科学和自然科学基本知识,优化知识结构;熟练掌握一门外语;达到国家规定的大学生体育锻炼合格标准,具备健全的心理、健康的体魄和良好的社会适应能力。

其次,通过核心专业知识教育,学生应掌握马克思主义理论、法学、哲学、政治学、教育学、社会学等多学科基础理论知识;掌握思想政治教育的基本原理、基本知识和主要方法;了解思想政治教育学科的理论前沿和发展动态;掌握社会调查理论与方法,形成较强的文字表达能力;初步具备运用马克思主义立场、观点和方法分析解决实际问题的能力。

最后,通过核心职业能力教育,学生应掌握本专业及相近专业文献检索、资料查阅的基本方法;具备较强的口头表达能力、团队合作意识和务实创新精神;具有从事本专业业务工作的能力和能够适应其他领域专业工作的就业能力和创业能力。

3. 规定了学制、修业年限与学位

学制:标准学制为4年,实行弹性学习年限。不低于3年不高于6年(应征入伍保留学籍者除外)。

学位:授予法学学士学位。

4. 划定学分要求

专业要求学生最低修读160学分,其中通识必修课需修读31学分,通识选修课最低修读12学分;专业必修课需修读54学分,专业选修课最低修读36学分;实践实验实训教学必修19学分,实践实验实训教学选修最低修读8学分。

5. 完善课程体系与考核方式

思想政治教育专业课程建设是一项系统工程,涉及党的理论创新、社会发展需要和人才培养要求等各个方面,既要关注现实问题,又要着眼于时代特征,更要进行整体规划。思想政治教育专业课程建设的顶层设计和科学谋划一方面要遵循学科逻辑,另一方面要遵循社会需求逻辑。这主要体现在三个方面:首先,明确课程的理念和目标,即课程目标要和专业目标保持一致。课程的理念和目标指引着人才培养的发展方向。其次,课程建设要坚持标准引领,确保科学规范。最后，课程建设要体现理论和实践的双向互动。[①]

西南政法大学思想政治教育专业课程建设彰显了鲜明的特色，更加注重专业内涵式发展，注重人才质量的提升。西南政法大学思想政治教育专业本科的通识必修课共计 31 学分，包括："大学生心理健康"1 学分，"大学英语"9 学分，"体育"4 学分，"形势与政策（含安全教育）"2 学分（每学期不低于 8 学时），"创新创业基础"1 学分（另 1 学分设置在实践实验实训教学版块），"信息技术应用"2 学分，"大学语文"3 学分，另有"法学专业导论"9 学分。专业课程设置致力于在保持本专业属性的前提下，着力培养具备马克思主义基本理论、思想政治教育和法制教育等专业知识和专业技能的人才。同时，注重培养学生具有良好的科学文化素养、法律意识、实践能力和创新精神，以培养厚基础、宽口径、强能力、高素质的复合型和应用型人才。

通识选修课学生最低需修读 12 学分。学生可参考全校通识选修课一览表，根据自己的意愿选择课程。课程分为人文艺术类、社会科学类、自然科学与技术类、就业创业能力与健康教育类四大类别。其中，人文艺术类课程最低要求 4 学分，自然科学与技术类课程最低要求 2 学分，社会科学类课程最低要求 4 学分，就业创业能力与健康教育类课程最低要求 2 学分。若学生选修的课程与本专业已开设的课程在名称或内容上重复或相近，则这些课程不计入成绩与学分。

专业必修课共计 54 学分。为尽量避免某些课程在内容上重复交叉，同时考虑到思想政治教育专业具有的鲜明意识形态属性，在学分有限的情况下，应注重所设置课程的实用性、实践性和科学性。当前，思想政治教育专业的就业领域已经呈现出多样化、离散化的趋势，就业方向正从政治性、专业性要求较高的高校、行政单位和国有企业向政治性、专业性要求相对较低的非公企业单位转移。从人才培养的知识结构上来看，这种去专业化的就业趋势既反映出思想政治教育在专业化知识结构培养上的不足，也反映出社会对具有通识性知识结构人才的强烈需求。因此，培养既具备专业能力又具备通识素养知识结构的思想政治教育专业大学生，是新时代专业建设的应有之义。[②]

根据《马克思主义理论类本科专业教学质量国家标准》的相关要求，西南政法大学开设了以下专业必修课程："政治学原理""社会学原理""伦理学原

---

① 梁超锋：《思想政治教育专业课程建设若干问题研究》，《学校党建与思想教育》，2021 年第 5 期，第 11 页。

② 汤帧子、余双好：《思想政治教育专业发展的新境遇与建设对策——一项基于武汉大学和部分高校思想政治教育专业就业状况的研究》，《思想教育研究》，2019 年第 5 期，第 32 页。

理""逻辑学""思想政治教育学原理""中国共产党党史""中国共产党思想政治教育史""思想政治教育方法论""比较思想政治教育""马克思主义经典著作导读""马克思主义发展史""科学社会主义理论与实践"等。此外，根据专业特色和发展方向，学校还开设了"思想政治教育案例分析"作为必修课程。

在专业选修课设置方面，学生最低需修读36学分。

根据《马克思主义理论类本科专业教学质量国家标准》的相关要求，西南政法大学开设了以下专业选修课程："教育学概论""心理学概论""社会调查理论与方法""网络思想政治教育"等。

在实践实验实训教学方面，思想政治教育专业的实践实验实训教学共计27学分，包括必修部分和选修部分。

必修部分共19学分，包括以下实践实验实训环节："军事训练和军事理论""职业生涯规划与就业指导""专业实习""创新创业（含学年论文）""毕业论文""第二课堂""公益活动""学术活动""西南政法大学习近平新时代中国特色社会主义思想大学生讲习所项目"。

学生可以通过参加各类学科竞赛、发表学术成果、参加文体活动、投身社会实践及社会公益服务工作来获得"第二课堂"和"公益活动"的学分。学分的认定将依据学校相关管理办法执行。

选修部分最低需修读8学分，以完成学业。此外，专业关于冲抵学分的规定，将按照学校相关规定执行。详情见表2-1。

表2-1 西南政法大学思想政治教育专业本科教学计划

课程类别		序号	中英文课程名称	学分	总学时	开课学期	课程归属
通识课	通识必修课	1	大学生心理健康	1	16	1	马克思主义学院
		2	大学英语（1）	3	48	1	外语学院
		3	大学英语（2）	3	48	2	外语学院
		4	大学英语（3）	3	48	3	外语学院
		5	体育（1）	1	32	1	体育部
		6	体育（2）	1	32	2	体育部
		7	体育（3）	1	32	3	体育部
		8	体育（4）	1	32	4	体育部

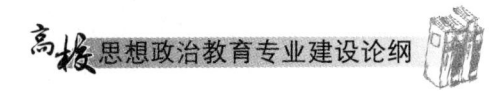

续表

课程类别		序号	中英文课程名称	学分	总学时	开课学期	课程归属
通识课	通识必修课	9	形势与政策（含安全教育）	2	96	1~8	马克思主义学院（安全教育由学工部负责）
		10	创新创业基础	1	16	2	商学院
		11	信息技术应用	2	32	2	计算机教研室
		12	大学语文	3	48	2	新闻传播学院
		13	法学专业导论（1）	3	48	1	行政法学院
		14	法学专业导论（2）	3	48	2	行政法学院
		15	法学专业导论（3）	3	48	3	行政法学院
			小计	31	624		
	通识选修课	1. 见通识任意选修课一览表（分为人文艺术类、社会科学类、自然科学与技术类、就业创业能力与健康教育类四大类，最低应修满12学分。其中，人文艺术类最低4学分，自然科学与技术类最低2学分，社会科学类最低4学分，就业创业能力与健康教育类最低2学分）。2. 选修与本专业已开设课程的名称或内容重复或相近的课程，不计成绩与学分。					
专业课	专业必修课	1	政治学原理	3	48	1	政治与公共管理学院
		2	社会学原理	3	48	1	政治与公共管理学院
		3	伦理学原理	3	48	1	马克思主义学院
		4	马克思主义哲学	3	48	2	马克思主义学院
		5	马克思主义政治经济学原理	3	48	2	马克思主义学院
		6	传播学概论	3	48	2	新闻传播学院
		7	逻辑学	3	48	3	行政法学院
		8	思想政治教育学原理	3	48	3	马克思主义学院
		9	中国共产党党史	3	48	3	马克思主义学院
		10	毛泽东思想和中国特色社会主义理论体系概论（上）	3	48	3	马克思主义学院
		11	毛泽东思想和中国特色社会主义理论体系概论（下）	3	48	4	马克思主义学院

续表

课程类别		序号	中英文课程名称	学分	总学时	开课学期	课程归属
专业课	专业必修课	12	中国共产党思想政治教育史	3	48	4	马克思主义学院
		13	思想政治教育方法论	3	48	4	马克思主义学院
		14	比较思想政治教育	3	48	5	马克思主义学院
		15	马克思主义经典著作导读	3	48	5	马克思主义学院
		16	马克思主义发展史	3	48	5	马克思主义学院
		17	思想政治教育案例分析	3	48	6	马克思主义学院
		18	科学社会主义理论与实践	3	48	6	马克思主义学院
			小计	54	864		
	专业选修课	1	青年学	2	32	1	马克思主义学院
		2	教育学概论	3	48	1	马克思主义学院
		3	中国近现代史	2	32	2	马克思主义学院
		4	心理学概论	3	48	2	马克思主义学院
		5	社会调查理论与方法	2	32	3	政治与公共管理学院
		6	宗教学	2	32	3	马克思主义学院
		7	媒介素养	2	32	4	马克思主义学院
		8	习近平关于教育工作的重要论述	2	32	4	马克思主义学院
		9	社会心理学	2	32	4	马克思主义学院
		10	思想政治教育道德观概论	2	32	4	马克思主义学院
		11	网络思想政治教育	2	32	4	马克思主义学院
		12	教育政策与法律	3	48	5	马克思主义学院
		13	当代中国社会热点问题研究	2	32	5	马克思主义学院
		14	中国传统文化概论	3	48	5	马克思主义学院
		15	马克思主义与当代社会思潮	2	32	5	马克思主义学院
		16	人力资源管理	2	32	5	管理学院
		17	现代西方教育理论	2	32	5	马克思主义学院
		18	公共关系学	2	32	5	政治与公共管理学院

续表

课程类别		序号	中英文课程名称	学分	总学时	开课学期	课程归属
专业课	专业选修课	19	思想政治教育学前沿	2	32	5	马克思主义学院
		20	当代中国政府与政治	2	32	6	政治与公共管理学院
		21	行政管理学	3	48	6	政治与公共管理学院
		22	法制教育学	2	32	6	马克思主义学院
		23	思想政治教育专业外语	2	32	6	马克思主义学院
		24	西方马克思主义	2	32	6	马克思主义学院
		25	西方哲学史	2	32	6	马克思主义学院
		26	中国哲学史	2	32	6	马克思主义学院
			最低修读学分	36	576		
实践实验实训	必修课	1	军事训练和军事理论	2		1	
		2	职业生涯规划与就业指导	1		1~8	商学院
		3	专业实习	5		4~5	马克思主义学院
		4	创新创业（含学年论文）	1		5	马克思主义学院
		5	毕业论文	3		6~8	马克思主义学院
		6	第二课堂	1		1~8	团委
		7	公益活动	1		1~8	团委
		8	学术活动	2		1~8	马克思主义学院
		9	西南政法大学习近平新时代中国特色社会主义思想大学生讲习所项目	3		1~8	马克思主义学院
			小计	19			
	选修课	1	演讲与口才	2	32	3	马克思主义学院
		2	心理咨询技巧	2	32	4	马克思主义学院
		3	申论与公文写作	2	32	4	政治与公共管理学院
		4	新媒体实务	2	32	5	新闻传播学院
		5	微视频创作	2	32	6	新闻传播学院
		6	文献检索与论文写作	2	32	6	马克思主义学院
			最低修读学分	8	128		

在考核方式方面，根据《普通高等学校本科专业类教学质量国家标准》的要求，西南政法大学构建了一个全面、完善的考评体系："专业必修课程注重创新、专业选修课程注重过程、通识选修课程注重素养。"对于必修课程，学校加强了平时作业检查、习题测试与学习指导，并建立了"平时成绩占30％"＋"期末考核成绩占70％"的考评机制。专业选修课程与通识选修课程则采用"平时学习考查＋实践成果汇报评价＋期末开卷卷面考核"的考评机制。[①]

二、加强思政专业师资队伍建设

（一）优化专业师资结构

思想政治教育专业的课程教学质量直接关系到人才培养的质量，提升教学质量的关键在于打造一支优秀的教师队伍。

在人才引进方面，根据学校的人才工作战略和人才引进政策，西南政法大学广开渠道，积极认真地做好博士、"双高"（副高级职称以上同时具有博士学位）教师等高层次人才的考核招聘工作。学校层面树立"以人为本"的服务意识，为引进人才排忧解难，为其提供住房保障，发放必要的科研启动费、安家费，并安排办公用房。经过多年的人才引进工作，西南政法大学思想政治教育专业的师资队伍规模不断壮大，结构趋于合理。

西南政法大学思想政治教育专业的教师积极参与课程教学改革，并取得了优异成绩。任课教师在教学过程中不断深入研究马克思主义理论，从党的创新理论高度和思想深度上讲透教学内容，把握教学规律，从而提升教学效果，增强教学的深度与穿透力。教授、副教授、博士教师长年坚持给本科生上课，保持了学校优良的教学质量。目前，西南政法大学已建成了一支能够胜任思想政治教育专业教学科研的师资队伍。

表2-2　西南政法大学思想政治教育专业必修课任课教师与实务导师分布情况一览

（截至2024年）

课程名称	任课教师	职称	学历	专兼职情况
中国共产党历史	朱老师	副教授	博士研究生	专职

---

① 雷志敏、邱华：《增强思想政治教育"二力二性"的策略探究》，四川大学出版社，2022年，第9页。

续表

课程名称	任课教师	职称	学历	专兼职情况
传播学概论	白老师	教授	博士研究生	专职
政治学原理	刘老师	副教授	博士研究生	专职
社会学原理	杨老师	副教授	博士研究生	专职
逻辑学概论	程老师	讲师	博士研究生	专职
伦理学原理	龚老师	教授	硕士研究生	专职
马克思主义哲学	高老师	副教授	博士研究生	专职
马克思主义政治经济学原理	牛老师	副教授	硕士研究生	专职
马克思主义发展史	吕老师	教授	博士研究生	专职
思想政治教育学原理	陈老师	讲师	博士研究生	专职
马克思主义经典著作导读	王老师	讲师	博士研究生	专职
毛泽东思想和中国特色社会主义理论体系概论（一）	韩老师	讲师	博士研究生	专职
毛泽东思想和中国特色社会主义理论体系概论（二）	李老师	教授	硕士研究生	专职
中国共产党思想政治教育史	邓老师	教授	博士研究生	专职
思想政治教育方法论	罗老师	教授	博士研究生	专职
马克思主义与当代社会思潮	谢老师	教授	博士研究生	专职
思想政治教育案例分析	倪老师	讲师	博士研究生	专职
科学社会主义理论与实践	王老师	副教授	博士研究生	专职
青年教师教学科研指导	项老师	武汉大学教授	博士研究生	兼职
实务指导	马老师	重庆市法学会常务副会长、重庆红岩联线文化发展管理中心原主任	博士研究生	兼职
实务指导	何老师	中建隧道公司党委副书记	博士研究生	兼职
实务指导	张老师	重庆市合川区团委副书记	硕士研究生	兼职
实务指导	肖老师	重庆市合川区网信办主任	大学本科	兼职

续表

课程名称	任课教师	职称	学历	专兼职情况
实务指导	李老师	重庆市合川区网信办副主任	大学本科	兼职
实务指导	马老师	重庆市渝北区矛盾调解中心主任	硕士研究生	兼职

（二）提升专业师资基本素质

1. 专业教师师德师风建设向上向善

一是坚持加强学习。通过政治学习、业务学习会，组织教师集中学习了《关于全面深化新时代教师队伍建设改革的意见》《关于建立健全高校师德建设长效机制的意见》《教育部关于高校教师师德失范行为处理的指导意见》《新时代高校教师职业行为十项准则》等师德师风建设系列文件和学校的相关制度，让教师了解党中央对教师思想和行为的要求。

二是制度上墙。将《新时代高校教师职业行为十项准则》、习近平总书记在全国高校思政课教师座谈会上的讲话等制成展板，张挂于学院会议室、各教研室，提醒教师做到"学为人师，行为世范"。

三是关注重点。学院对青年教师，尤其是新进教师进行重点关注，要求他们参加教育部举办的"高校思想政治理论课教师研修班"培训，以及重庆市每年举办的"高校思想政治理论课教师研修班"。学院还安排资深教授对每位新教师进行"一对一"的指导，帮助他们提高业务水平、培养良好的师德师风。

2. 专业师资教研成果丰硕

一方面，教研成果突出。如黄一玲副教授撰写的《全球化与网络化语境下社会主义核心价值观的培育：基于文化自觉视角的探析》荣获重庆市高校思想政治教育研究会崇德论坛一等奖。

另一方面，学院注重教学方法的改进。坚持专业教师集体备课机制，凝聚共识，并定期组织教师开展教研活动。围绕教材内容的研读与要素挖掘、教学计划与进度安排、教学评价与反馈等方面进行统一安排，扎实推进教研活动。在教学内容上，教师们准确理解马克思主义的科学内涵，把握马克思主义中国化、时代化的课题，掌握中国共产党的历史与理论，并将自己的教学工作放在国家战略发展的全局中来考虑，更多地从全局的视野出发思考问题，以提升课堂教学效果。

在教学手段上，教师们善于采用小组研学、课堂讨论、问题导向、案例分析、视频拍摄等方法提升教学质量。他们既充分利用信息技术的优势，又坚持内容为王的原则，吸引学生参与，让学生在课堂上有更多的获得。

3. 专业教师科研成果丰硕

西南政法大学思想政治教育专业在自身发展过程中，尤其注意科研活动的开展，除定期组织举办相关学术沙龙活动外，还注重培养青年教师的科研能力，积极鼓励专业教师申请课题，发表文章。2013—2022年，西南政法大学思想政治教育专业教师在《管理世界》《高等教育研究》《马克思主义与现实》《人民日报》《光明日报》《学术月刊》《天津社会科学》《中国临床心理学杂志》等期刊上发表文章百余篇，成功申请国家社科基金项目、教育部人文社科研究项目、重庆市社科规划项目、重庆市教委人文社科项目等各类别科研项目数十项，另由光明日报出版社、中国人民大学出版社、法律出版社、上海三联书店等出版社出版专著数十部。

4. 持续推进专任教师培养

思想政治教育专业的发展若想保持人才队伍的稳定性和连续性，就要求管理者必须充分保障任课教师工作和生活的基本条件，满足他们的自我发展需求。[①] 西南政法大学非常注重营造吸引和稳定人才、激励人才成长的适宜环境，同时也非常注重提升教师的职业能力。学校常态化地组织教师开展培训进修、集体备课、学习交流等教研活动，不断提升他们的教学研究能力；加强对具有博士学位的青年教师的培养工作，争取更多的培训经费投入，充分依托全国重点马克思主义学院平台开展理论研修，依托高水平师范类院校重点开展教学研修，全面提升在职教师的理论功底和知识素养。这让专业教师不仅具有坚实的马克思主义理论基础和扎实的学科专业知识，还能够掌握马克思主义中国化的最新理论成果，追踪学科学术发展的前沿。

学院致力于培养具有先进教育理念、优良教育教学实践能力的教师，使他们能够掌握教育教学规律和现代教育技术；鼓励40岁以下的青年教师分批在职攻读马克思主义理论博士学位、参与国内访问学者项目或进行在职博士后研修。选派45岁以下的中青年骨干教师到实务部门挂职，以提升他们的实践教

---

① 宋锡辉：《现代思想政治教育专业建设研究——以师范类本科专业为对象》，人民出版社，2010年，第370页。

学与指导水平。落实青年教师导师制度，安排具有高级职称、丰富教学经验与科研素养的教师对新进博士教师在教学、科研方面进行全面的指导和帮助。在青年教师成长过程中，不断修订培养计划，使新教师明确每个阶段的发展目标和要求，并为之努力，提高新教师工作的主动性、积极性和针对性，避免新教师在忙碌中耽误个人发展。① 另外，学校也要求专业教师坚定马克思主义信仰和中国特色社会主义，自觉弘扬和践行社会主义核心价值观，遵守教师职业道德规范，从而高质量完成人才培养工作。

三、创新本科教学方法与模式

（一）提高专业信息化教学水平

2016年，西南政法大学思想政治教育专业将"教育学概论""心理学概论""中国共产党思想政治教育史"和"马克思主义经典著作导读"等四门专业必修课遴选为学校首批校级示范课程。这一举措为推进网络教学，构建以课堂教学为中心、网络教学和实践教学为支撑的三位一体、相互融合的教学新模式提供了有利条件。

（二）探索本科课堂教学新模式

1. 开展"双师同堂"教学

为增强学生将理论联系实际的能力并开阔其视野，西南政法大学思想政治教育专业大力推行教学改革，将改革重点放在课堂和教学质量上。西南政法大学根据马克思主义学院与重庆市渝北区矛盾调解中心签署的合作协议，结合"思想政治教育案例分析"课程特点，特别聘请了具有丰富矛盾化解和思想政治教育经验的调解专家张谦进入课堂。张老师与任课教师共同开展"双师同堂"教学，着重引导启发学生、开阔学生视野，从而显著提高了课堂教学质量。这一做法对深化教学改革和提高教学质量具有积极作用。

在"双师同堂"教学过程中，任课教师主要负责讲授理论知识，而调解专家则运用其矛盾化解的丰富经验，通过大量鲜活的案例进行实务教学。这种教学方式促成了师生互动、校内校外互动、理论与实践相结合的教学格局，帮助

---

① 周国君、罗民超：《高校新教师角色转换的困惑及解决策略》，《宁波大学学报》，2004年第3期，第62页。

并引导学生深入理解思想政治教育的意义和方法,了解当前社会变迁以及基层干部的工作经验和技巧。这样的教学模式使课堂更加生动,激发了学生的学习热情,受到了学生的广泛欢迎。

2. 在课堂教学中引入团体心理辅导技术

在西南政法大学思想政治教育专业团队中,有 10 多位教师拥有心理咨询师资格,构成了西南政法大学心理咨询中心的骨干力量。部分教师结合思想政治教育专业学生培养的特点,将心理咨询中的团体心理辅导技术融入课堂教学。这不仅可以让学生掌握并运用心理咨询手段进行思想政治教育,还可以促进学生对新时期思想政治教育方式方法改革的深入思考和理解。目前,西南政法大学思想政治教育专业的学生已成立了团体心理辅导志愿者团队,面向全校新生、校内社团、市内各中小学开展了大量的团体心理辅导活动。

第三节 加强专业建设资源与教学质量保障

思想政治教育专业的资源与教学质量保障机制是指影响思想政治教育专业建设安全的各种保障因素及其相互联系、相互制约的方式,这是一个多因素、多环节、动态且复杂的运行系统。具体来说,这一保障机制主要包括两个方面的内容:一是重视硬件方面的投入,以提升思想政治教育专业建设的现代化水平,如加强图书资料、实验室(场所)、实践基地建设的保障以及专业建设经费投入及使用的保障。二是重视软件方面的建设,如对教学质量的保障。

一、图书资料

西南政法大学图书馆由位于渝北校区的中心馆和位于沙坪坝校区的分馆两座馆舍组成。沙坪坝校区分馆始建于 1982 年,建筑面积为 6249 平方米;而渝北校区中心馆则建于 2007 年,建筑面积为 31435 平方米。两座馆舍的总面积达到 38000 平方米,提供阅览座位 3115 席,是重庆高校中信息设备先进、单体建筑面积最大、楼宇智能化水平最高的图书馆之一。[①]

[①] 《图书馆简介》:https://lib. swupl. edu. cn/engine2/general/more?t＝C788BD89CB8FA6C8991352731430EEC3009A22227663EEFF67AA9375BBA95D7E9DF47DCB9B787CD0736F87843C5A08D82。

学校图书馆拥有丰富的馆藏资源，载体多样。馆内藏有近百万册纸本文献，涵盖古代、现代和当代的政治、法律、经济等社会人文类图书和期刊，以及美国、英国、法国、德国、日本等国家的重要法律、法规、法学专著等，覆盖了西南政法大学所有的学科和专业。馆藏体系以法律、政治、经济类为主，辅以管理、外语、新闻等类别。在数字资源建设方面，学校图书馆紧密围绕学校学科和专业需求，优化资源结构与配置，订购了CNKI、万方等综合类数据库和国内外著名的法律专业数据库，还自建了"经典法律图书""中国法律期刊文献索引""中国－东盟法律文献数据库"等特色数字资源。

西南政法大学为该校思想政治教育专业配备了数间专用教室，每间教室均配备了电脑、多媒体讲台、话筒、音响等设备，能够满足多媒体教学的需求。互动式语音学习中心也已建成并投入使用。西南政法大学图书馆的丰富馆藏资源为思想政治教育专业的建设提供了坚实的资源保障。

二、实验室（场所）建设

西南政法大学的思想政治教育专业自身并未建立专门的实验室，其专业建设主要依托于其他专业的实验室（场所）。

（一）新闻演播实验室和新闻编辑实验室

2011年至2014年，在学校的大力支持下，新闻演播实验室和新闻编辑实验室得到了改造和扩建，新增了实验用房。实验室在设计时从人性化、绿色环保等多角度出发，建成了极有特色的法治新闻纪录片全媒体实验室。该实验室引进了先进的苹果网络化非线性编辑系统，内设新闻节目制作实验室、数字媒体制作实验室和5.1数字环绕声实验室。全媒体实验室的建成，与现有的新闻演播实验室和新闻编辑实验室相互配套，形成了从采集、写作、编辑、播出到生产、学习、研究的完整链条，满足了思想政治教育专业以及全校各学科学生提升专业技能的需求。

（二）高校道德心理模型及道德行为机理实验室

高校道德心理模型及道德行为机理实验室以道德心理模型为框架，以个体为研究对象，以心理测量和实验为研究内容，探索应用伦理的实践推广方法。实验室内配备了测谎仪、高级神经认知反馈仪等国内先进的仪器，满足了学生探索人们道德行为、思想状况的实验需求。

（三）电子政务实验室

校内的电子政务实验室可供 100 人使用，该实验室的训练重点在于处理政府部门与非营利组织内部事务，以及政府部门与非营利组织外部事务。这有助于学生初步理解党政机关的工作流程与运作机制，为他们将来在党政机关及企事业单位工作打下基础。

（四）虚拟仿真实验室

虚拟仿真实验室依托网络虚拟空间，以虚拟实践资源库为载体，通过资源设计和开发，组织有特色的教学体验活动。这使得实践教学能够突破时空及经费等因素的限制，让大量学生体验到与实体馆相同的感受。交互式体验使学生能够身临其境地感受历史和现实，实现了理论学习与体验式教学的有机结合。

三、实践基地建设

人才培养不仅仅是学校的事，而是需要社会各方形成合力。党政部门、企事业单位有责任和义务为大学生提供实习机会，让他们参加实践、锻炼能力，在人才培养问题上为高校献计献策。[①] 如表 2－3 所示，西南政法大学马克思主义学院高度重视教学科研实践基地建设，积极争取社会资源，推进学校与实习基地的合作，也高度重视实习基地的维护，确保实习基地实践育人功能的发挥，为思想政治教育专业学生的相关社会实践活动提供了平台，创造了良好的条件。

表 2－3 马克思主义学院部分实习实践基地合作协议单位

序号	协议单位名称	协议书签订时间
1	重庆市永川区人民检察院	2007.6
2	重庆市江津区人民法院	2007.7
3	重庆市合川区人民检察院	2007.11
4	重庆市人民检察院	2007.11
5	重庆市高级人民法院	2007.11

---

① 宋锡辉：《现代思想政治教育专业建设研究——以师范类本科专业为对象》，人民出版社，2010 年，第 306 页。

续表

序号	协议单位名称	协议书签订时间
6	重庆市长寿区人民法院	2009.2
7	东莞市第三人民法院	2009.3
8	广西壮族自治区南宁市人民检察院	2009.4
9	重庆市开州区人民检察院	2009.6
10	重庆市第二中级人民法院	2009.6
11	重庆市渝北区人民法院	2009.6
12	重庆市第五中级人民法院	2009.7
13	重庆市人民检察院第四分院	2009.7
14	福建省福州第一中学	2010.10
15	共青团重庆市渝北区委员会	2012.6
16	重庆市大足区委组织部	2013.7
17	武汉外国语学校	2013.6
18	西藏民族大学附属中学	2011.5
19	天津市滨海新区大港第一中学	2012.11
20	云南省昆明市第八中学	2013.6
21	共青团重庆市渝北区委员会	2013.6
22	重庆市渝北区矛盾纠纷综合调处中心	2016.5
23	重庆市合川区互联网信息办公室	2017.6
24	共青团重庆市合川区委员会	2017.6
25	西藏自治区高级人民法院	2017.6
26	重庆市九龙坡区人民法院	2017.6

四、专业建设经费投入及使用

物质保障是思想政治教育管理保障机制的重要组成部分。思想政治教育的物质基础建设应由全社会发动，多方支持。①专业学科建设的经费开支必须纳

---

① 虞晖：《试论完善新时期思想政治教育管理机制的三个环节》，《前沿》，2005年第2期，第99页。

入全校学生培养成本的核算体系之中，学校财政拨款预算，必须考虑思想政治教育专业的发展水平将会直接影响学校大学生思想政治教育相关工作水平，因此，在每年的年度预算中应该加大对思想政治教育专业建设经费的投入，要保证分期、分批，逐步、逐年到位。①

就西南政法大学马克思主义学院的运行机制看，学校每年投入的工作经费基本保障了本专业教学工作需要。2014—2022年，思想政治教育专业生均实习经费600元，日常教学运行年均经费50余万元，教师培训经费年均50余万元。经费的使用实行专业负责人与院长负责制，负责人与学院院长对经费的使用及效益负全责；工作经费不得挪为他用。

五、专业教学质量保障

（一）更新教学管理理念，提升教学管理人员素养

作为国家一流本科专业建设点，西南政法大学思想政治教育专业十分重视教学管理体制改革，强调"育人意识、服务意识、创新意识，把适应性思维范式作为教学管理的指导思想"②，注重提升教学管理人员的职业能力，要求教学管理人员系统掌握教学管理的基本流程，把握教学管理工作基本规律。

（二）完善考评机制，关注教学质量

西南政法大学对标教育部制定出台的《普通高等学校本科专业类教学质量国家标准》（2018年），坚持把思想政治教育专业人才培养方案作为教学质量标准依据，细化质量目标要求和教育教学规范，围绕教学质量做评价与反馈。

具体来说，一是建立内部监控制度。每学期伊始，思想政治教育专业教研室认真检查每一门课程教学所需教案、教材、教学大纲等教学材料；在教学周期间，学校教务处与学院教学委员会在具有丰富教学经验的退休教师中择优遴选教学督导委员会，采取随堂听课、毕业论文与试卷分析等方式对教学过程进行全方位的监控管理，督促教师不断提升教学水平。

在课程考核方面，西南政法大学思想政治教育专业严格规范考试制度、严

---

① 石玉平、杨福荣、刘刚：《思想政治教育专业创新型人才培养模式探索与实践》，中国社会科学出版社，2017年，第94页。

② 石玉平、杨福荣、刘刚：《思想政治教育专业创新型人才培养模式探索与实践》，中国社会科学出版社，2017年，第197页。

肃考风考纪，教学副院长与专业教研室主义在考试命题的审定，考试成绩的核查等方面，严把质量关。在毕业论文的指导方面，从指导老师的遴选，论文选题、开题报告撰写、论文过程修改及定稿、答辩等各个环节，加强监督检查与质量监控。

二是建立学生评教机制，收集学生在教师课堂教学方面的意见和建议，推动教师不断完善教学方法与教学方式。

三是毕业生、用人单位、实习单位联系制度。及时了解实习单位、用人单位对毕业生实践能力的新要求和就业学生在实际工作中遇到的问题，以便及时调整、改进人才培养计划，推动专业教学的不断完善。

（三）制定管理制度，提供制度支撑

西南政法大学思想政治教育专业全面贯彻《西南政法大学听课制度（修订）》《西南政法大学本科课堂教学质量评价实施办法》《西南政法大学全日制普通本科学生学籍管理办法（修订）》等文件的要求，结合自身特点，制定出了一套行之有效的管理制度，为提高人才培养质量提供制度支撑。

第四节 思想政治教育专业人才培养的具体路径

一、合理规划课程，突出课程特色

高校思想政治教育专业在课程设置方面，应科学规划课程，突出专业特性，切实增加有效知识的供给：从哲学层面完善元理论和基础理论供给；在应对理论和现实问题上，以实践为导向，以问题为导向，完成从理论到实践的有序转换和有效衔接，增强专业实务性知识的供给。[1]

专业建设应遵循本科教育的基础性办学定位，规范应用型与实务型课程板块，在核心职业能力课程模块中设置演讲与口才、职业规划生涯、社会调查理论与方法、学术规范与论文写作、人际沟通等技能性与方法论课程，突出课堂

---

[1] 隋牧蓉：《试析思想政治教育学科有效知识供给的不足与增进》，《学校党建与思想教育》，2017年第2期，第25~26页。

教学效果，适应新时期社会治理对人才的需求。

二、引进优质师资，提升教研实力

专业建设是一个涉及多方面因素的系统工程，它不仅需要个体的努力，更需要团队协作。在这个过程中，教师之间的协同合作扮演着至关重要的角色。教师团队的合作精神和协作能力直接影响到专业建设的质量和效率。为了构建一个高效能的教师团队，学校需要采取一系列措施。

学校应当大力引进具有高学历背景的人才，比如拥有博士学位或者在特定领域有深入研究的专家。这些人才不仅能够带来新的学术理念和研究方法，还能够通过他们的专业知识和研究经验，提升整个教师团队的教学和研究水平。

除了引进高学历人才，学校还应该注重提升现有教师的素养。这包括提供持续的专业发展机会，如参加研讨会、工作坊和培训课程，以及鼓励教师参与学术交流和合作项目。通过这些方式，教师能够不断更新自己的知识库，提高教学技巧，并且增强科研能力。

学校还应该建立一种鼓励合作的文化。这可以通过设立团队合作项目、跨学科研究小组或者共同指导学生等方式来实现。在这样的文化氛围中，教师们可以相互学习，共同解决教学和研究中遇到的问题。

学校还应该为教师提供必要的资源和支持，比如充足的研究资金、先进的教学设施以及灵活的工作时间安排。这些支持不仅能够提高教师的工作满意度，还能够促进教师之间的合作，从而推动专业建设的持续发展和进步。通过这些综合性的措施，学校可以建立起一个充满活力、高效协作的教师团队，为专业建设打下坚实的基础。

三、提升学生工作，实现育人目标

在高等教育机构中，学生工作是教育体系中不可或缺的一部分，它对学生的个人成长、发展以及学校培养人才和实现教育目标都具有至关重要的作用。特别是在思想政治教育领域，专业的辅导员队伍对于学生的思想道德建设和价值观塑造尤为关键。

为了有效开展日常育人工作，学校必须建立一支理论水平高、实务能力强的辅导员队伍。这样的队伍需要具备深厚的理论基础，以便在与学生的交流中提供正确的引导；具备丰富的实践经验，以处理心理辅导、职业规划、危机干预等学生事务；具备良好的沟通技巧，以倾听学生声音并理解他们的需求；具备创新的教育方法，以适应不断变化的社会环境并激发学生兴趣；具备强烈的责任感和使命感，以对学生、教育事业和国家未来负责；具备良好的团队合作精神，通过协作解决学生工作中的问题，提高工作效率。这样的辅导员队伍是实现思想政治教育专业育人目标的首要前提。

四、丰富办学资源，提升学生实践能力

在教学资源建设方面，学校应拓展办学空间维度，推进校内校外资源的统筹规划和多层面、多维度的创新。

具体来说，学校需要注重校内马克思主义理论图书资料、网络资源等教学资源的建设；精心打造校内学生群团组织平台，注重政治、法律、哲学等多学科的课外阅读与论辩文化的熏陶。要培育共建校外社会实践基地平台，让学生参与基层政府治理、企业文化建设、社会志愿服务工作，培育其创新创业意识并鼓励学生尝试与探索。

总之，积极开展课外教育、实践教育旨在完善学生从事党政企事业单位思想政治教育工作、基层社会治理工作所需的知识结构，在具体的实践中增强学生的合作能力、人际沟通能力、口头表达能力、实地调研能力、实务写作能力及科学研究能力，进而提高社会适应力，增强学生的社会责任感和社会服务意识，实现实践教育与知识教育的互为依托，相得益彰。

五、对标专业发展趋向，适应时代变革

思想政治教育专业作为具有中国特色的人才培养点，近年来面临着知识本位与能力本位脱离的困境，部分院校在办学中经验不足，较难适应社会发展对人才的需求。思想政治教育专业要面向新未来，实现思想政治教育的新自觉，应直面大数据时代，深入研究大数据对人类思想活动、思维方式的影响，研究大数据为思想政治教育实务、理论研究、人才培养等创造的新条件、提出的新课题，认真思考思想政治教育如何研究大数据、使用大数据。[1]

思想政治教育专业学生应发挥专业特长，关注网络舆情知识，善于运用思

---

[1] 倪素香、靳文静：《思想政治教育专业发展的现状与未来——第四届思想政治教育本科专业协同建设研讨会综述》，《学校党建与思想教育》，2016年第11期，第92~93页。

政基本原理与方法论对网络舆情中的负面信息正本清源，积极传播国家主流意识形态，做到知识理论与社会实践的统一。如在引导网民的思想方面，除了法治规范的手段外，还需要打造新的"统一战线"，通过培养网络评论员、培养正能量的网络红人等手段发挥网络思想政治教育的作用，有效发挥他们在影响网友、吸引"粉丝"等方面的正面效应。①

六、打破培养壁垒，实现有序衔接

思想政治教育专业应当践行因材施教的教育理念，强调高层次人才培养的有序衔接性。专业是学科的基础，提供人才基础、学术应用基础、检验基础和体系基础。作为马克思主义理论学科依托的本科专业，思想政治教育专业理应为马克思主义理论硕士学位授权点输送合格生源。思想政治教育专业是由本科、硕士和博士三个层级组成的学科体系，在这个体系中，本科层级是硕士、博士教育的重要基础。

近年来，西南政法大学马克思主义学院不断强化和优化思想政治教育专业，在低年级阶段重点夯实学生马克思主义理论与思想政治教育的知识基础；到高年级阶段，在充分尊重学生个人意愿的基础上，也会引导部分有科研潜质的学生立志于马克思主义理论及相关学科硕士学位授权点继续深造，实现本硕教育的有序衔接。

---

① 代玉启：《思想政治教育参与社会治理的路径优化》，《思想理论教育》，2017年第6期，第25页。

第三章

高校思想政治教育专业建设的实践育人

第一节　思想政治教育专业实践育人的理论探讨

一、实践育人的根本遵循

人的个体主体性的发展是建立在实践基础上的，是在主体对客体的对象性活动中产生、丰富和发展起来的。[1] 实践育人是高校落实立德树人的根本任务、培养德智体美劳全面发展的社会主义建设者和接班人的重要途径，也是当前思想政治教育专业教学改革的关键点和突破口。[2] 马克思曾指出，"生产劳动同智育和体育相结合，它不仅是提高社会生产的一种方法，而且是造就全面发展的人的唯一方法。"[3] 实践性是思想政治教育学科的基本属性。

我们也可以说，思想政治教育是一门以马克思主义理论为指导的，综合性、实践性很强的学科。脱离实践的理论是没有生命力的，思想政治教育专业人才既要有扎实的理论知识，又要有很强的实践能力。[4] 该专业的大学生应具有丰富的人文社科理论知识和较高的自然科学素养，掌握扎实的思想政治教育专业知识，并具备较为宽广的社会视野和较强的实践能力，以及科学精神与创新精神。

---

[1] 肖建国、李宏刚、陈权：《新时代高校思想政治教育工作实效与方法研究》，人民出版社，2023年，第39页。

[2] 唐慧玲、张丽：《思想政治教育专业实践育人教学改革研究》，《学校党建与思想教育》，2021年第1期，第42页。

[3] 中共中央马克思恩格斯列宁斯大林著作编译局：《马克思恩格斯文集　第5卷》，人民出版社，2009年，第557页。

[4] 帅刚、陈志铖、张海燕：《思想政治教育专业人才培养探论——以中国民航飞行学院实践为例》，《中学政治教学参考》，2022年第36期，第80页。

二、实践育人的政策依循

2012年，教育部等部门联合下发《教育部等部门关于进一步加强高校实践育人工作的若干意见》，标志着我国高校实践育人体系的初步形成。2014年印发的《教育部关于全面深化课程改革落实立德树人根本任务的意见》中指出："充分认识全面深化课程改革、落实立德树人根本任务的重要性和紧迫性"，"强化教学的实践育人功能"。① 2017年中共教育部党组关于印发《高校思想政治工作质量提升工程实施纲要》，明确指出要切实构建包括实践育人在内等"十大"育人体系。2018年教育部印发《新时代高校思想政治理论课教学工作基本要求》，明确了实践教学的定位是实践教学作为课堂教学的延伸拓展，重在帮助学生巩固课堂学习效果，深化对教学重点难点问题的理解和掌握，要求各校制定实践教学大纲，整合实践教学资源，拓展实践教学形式，注重实践教学效果。②

2021年《教育部 国家文物局关于充分运用革命文物资源加强新时代高校思想政治工作的意见》提出要系统构建馆校全方位实践育人共同体，组织研发"纪念馆里的思政课"，支持高校师生、社团结合重大事件、重大活动、重要节日和主题党团日走进革命场馆，开展现场教学、主题活动、志愿服务、实习实践、研学旅行。各级文物主管部门、革命场馆要深化大学生志愿服务活动，培养高层次志愿讲解队伍，并创造条件为大学生提供更多对口实习实践岗位。高校应将大学生参加革命场馆志愿服务、实习实践计入实践总学分（学时）。③

2021年，教育部印发修订后的《高等学校思想政治理论课建设标准（2021年本）》，专篇明确高校实践教学标准，要求高校将实践教学纳入教学计划，统筹思想政治理论课各门课的实践教学，落实学分（本科2学分、专科1学分）、教学内容、指导教师和专项经费；实践教学覆盖全体学生，建立相对稳定的校外实践教学基地。④

---

① 《教育部关于全面深化课程改革落实立德树人根本任务的意见》，http://www.moe.gov.cn/srcsite/A26/jcj_kcjcgh/201404/t20140408_167226.html。
② 《新时代高校思想政治理论课教学工作基本要求》，https://www.gov.cn/zhengce/zhengceku/2018-12/31/content_5443368.htm。
③ 《教育部 国家文物局关于充分运用革命文物资源加强新时代高校思想政治工作的意见》，http://www.ncha.gov.cn/art/2021/7/30/art_2318_44793.html。
④ 《教育部关于印发〈高等学校思想政治理论课建设标准（2021年本）〉的通知》，https://www.gov.cn/zhengce/zhengceku/2021-12/18/content_5661767.htm。

在系列制度（政策）的指向下，高校开展实践教学，引导大学生认识社情、民情、国情。

三、实践育人的具体要求

高校需要明确思想政治教育专业实践育人的具体要求。高校肩负着培养德智体美劳全面发展的社会主义建设者和接班人的使命任务，思想政治教育不仅要传授知识，还要承担价值引导、心灵塑造、情感培养等功能，这些都要求思想政治教育学科要以多元化的知识满足多样化实践发展的要求。[①] 思想政治教育专业人才培养能力与实践具有深刻的内在关系。在高校的思政教育实践中总结人才培养经验、检验人才培养效果、提升人才培养核心素养，是提升思想政治教育专业人才培养能力的重要着力点。

（一）在实践中积累人才培养经验

高校是思想政治教育实践的重要场所，在当前中国经济社会的发展大势中，高校思想政治教育实践不断守正创新，积累了丰富的思想政治教育经验。思想政治教育专业人才培养应关注自身的培养实践、高校思想政治理论课教学实践以及日常思想政治教育实践，加强思想政治教育专业教学、思想政治理论课教学以及日常思想政治教育之间的沟通与协同，从各项实践活动的创新发展中总结和深化思想政治教育人才培养经验。

（二）在实践中检验人才培养效果

思想政治理论课教师队伍以及日常思想政治教育队伍中，绝大多数工作者是经过思想政治教育专业系统培养的专门人才。这些人才在高等教育机构中扮演着至关重要的角色，他们不仅负责传授理论知识，还要引导学生形成正确的世界观、人生观和价值观。高校思想政治教育实践是检验这些专门人才工作能力的最佳场所，因为这里提供了一个真实的环境，让他们可以将理论知识与实际工作相结合，以培养学生的思想政治素质。

在这样的实践中，思想政治教育工作者需要运用他们的专业知识和技能，设计和实施各种教育活动，如组织讨论会、策划主题教育活动、开展社会实践

---

① 徐蓉、张飞：《新文科视域下推进思想政治教育学科建设的思考》，《思想理论教育》，2023年第5期，第63页。

等。这些活动旨在培养学生的社会责任感、创新精神和实践能力，同时也促进学生对国家政策和社会发展趋势的理解和认同。

高校的思想政治教育实践是一个动态的、不断发展的过程，它不仅检验了思想政治教育专业人才的工作能力，更为他们的专业成长提供了宝贵的机会。通过这样的实践，这些专门人才能够不断提升自己的专业素养，更好地服务于学生的全面发展和国家的人才培养战略。

（三）在实践中提升人才培养核心素养

思想政治教育专业人才应具备的核心素养是多方面的。思想政治教育专业人才首先需要具备坚定的政治立场，坚持党的领导，拥护党的基本路线、方针和政策。他们需要有坚定的马克思主义信仰和中国特色社会主义信念，具备道路自信、理论自信、制度自信、文化自信，并践行社会主义核心价值观。这些专业人才需要掌握马克思主义理论与思想政治教育基础理论，熟悉其发展历程与前沿动态，并具备国际视野和跨文化比较能力。他们应善于发现问题并能够运用马克思主义立场、观点和方法分析和解决实际问题。只有高校思想政治教育专业教师不断提高自身的核心素养，才能在教学实践中不断探索新的教育方法和手段，影响和促进学生核心素养的发展，提高学校的教学水平。[①]

四、实践育人的理念设计[②]

高校应明确思想政治教育专业实践育人的理念设计。

高校思想政治教育专业的实践育人理念设计应关注人才培养中理论与实践融合不足的问题。传统上，思想政治教育专业在课堂理论讲授方面具有显著优势，但在实践教育方面存在不足，导致学生所学理论知识与现实社会的结合不够紧密，思想政治教育的亲和力和针对性有待提高。为此，专业建设需要强化实践育人环节，实现人才培养从理论到实践的有机衔接。

高校思想政治教育专业的实践育人理念设计应有效应对传统灌输式教学方式所面临的挑战。当前，世界正经历百年未有之大变局，人类社会发展面临新问题，大国间的博弈日益激烈。在这个充满不确定性的时代，各国意识形态领

---

① 冯刚：《增强新时代思想政治教育专业人才培养的内在动力》，《学校党建与思想教育》，2021年第5期，第6页。

② 本部分核心材料由西南政法大学耿密副教授提供，特此说明。

域的斗争变得前所未有的复杂和激烈，大学生所处的社会环境也日趋复杂。这些重大变化为高校思想政治教育工作带来了新的挑战。一方面，大学生朝气蓬勃、好学上进、视野宽广、开放自信，具有明确的主体意识。在这种潜意识的驱动下，他们也积极从事社会实践活动，努力使自己的行为与社会期望和社会评价相统一，并在此过程中发现自我存在的意义和价值。[①] 另一方面，传统的灌输式教学方式已无法满足新形势下大学生思想政治教育的需求，教师需要探索和运用更多多样化的思想政治工作方法。

为做好高校思想政治教育工作，高校要因事而化、因时而进、因势而新，遵循教书育人规律，遵循学生成长规律，不断提高工作能力和水平，紧密结合当代大学生的时代特征，充分调动他们的积极性与创造性，创设"浸润式""全息式"的思政大课堂，让学生的主动参与贯穿实践育人培养模式的全过程。

五、实践育人的制度保障

思想政治教育专业的实践育人应当有充分的制度保障。以西南政法大学的思想政治教育专业为例，该专业依托学校平台与重庆市各区县部门合作，共建实践基地，从而创设了良好的实践育人环境。在设计人才培养方案时，该专业明确了实践教学的要求和学时，确保了实践教学的经费，加强了实践教学基地的建设，并组织了一批青年教师轮流担任实习指导教师。在课程设置方面，该专业适度增加了社会实践课程的学分比例，以促进学生创新实践能力的发展。

第二节　思想政治教育专业实践育人的具体举措

一、搭建实践育人平台

西南政法大学是教育部与重庆市人民政府共建的高水平大学，其办学定位之一是扎根地方，服务于成渝地区双城经济圈的建设。为此，在实践育人建设

[①] 肖建国、李宏刚、陈权：《新时代高校思想政治教育工作实效与方法研究》，人民出版社，2023年，第37页。

方面，该校也紧密围绕所在区域的发展方向、城乡规划、产业布局来明确办学方向和学科专业建设，努力构建专业体系，以满足地方经济社会发展的需求。① 从这个层面上讲，服务地方经济社会发展是实践育人的具体抓手。再者，从思想政治教育专业的属性来看，实践性与应用性尤为突出，这也势必要求该专业的学生善于将课堂上学到的专业知识应用于未来步入社会的实际工作中。由此而言，实践育人是检验学生知识储备与学习成果的过程。

（一）共建志愿者服务基地

2012年，西南政法大学马克思主义学院与共青团重庆市大渡口区委员会签订了"区校合作，共建共享，共同推进社会管理创新战略"的合作协议。双方约定共建大学生党员志愿者服务基地和教学实践基地，并联合建立"社会管理创新研究中心"及"大学生党员教育模式创新研究中心"。根据协议，大渡口团区委将为西南政法大学的党员志愿者和大学生提供带薪实习、见习和调研的社会实践平台，同时为提升该校教师的教学和科研能力提供实践锻炼的机会。

（二）建设农村基层党建实践基地

2013年，西南政法大学马克思主义学院与重庆市大足区委组织部签订了"农村基层党建实践基地"的合作协议。根据协议，学院利用学生暑期"三下乡"活动时段，派出师生深入重庆市基层党建示范点——重庆市大足区龙水镇高坡村公共服务中心，开展农村基层党建座谈和调研活动。这些活动旨在拓展高校与地方联合培养思想政治教育人才的实践空间，并创新学生党员的发展与培养模式，为培养高层次党建人才搭建平台。

（三）共同培养社会矛盾调解人才

2016年，西南政法大学马克思主义学院与重庆市渝北区委政法委直属单位——社会矛盾调解中心达成了建立思想政治教育专业教学实践基地的协议。根据协议，双方在学生专业实习、街道社区干部理论培训、聘请实务导师、部分实务性课程中实行"双师"教学等方面展开深度合作。

经过多年的实践，西南政法大学马克思主义学院与重庆市渝北区委政法委

---

① 侍旭：《地方应用型高校在推进中国式现代化中的使命担当》，《中国高等教育》，2023年第11期，第25页。

社会矛盾调解中心实现了深度合作，并取得了有益经验。学生在实践中将所学的思想政治教育原理与方法论（如唯物辩证法、群众工作方法、马克思主义利益论、人民内部矛盾分析法、科学决策方法等）融入基层治理实践，积极参与矛盾调解工作，协同基层治理工作者维护社会稳定。

（四）共建教学实践基地

互联网构成了一个全新的网络社会，它将在一个全新的基础上重塑人类的文明。互联网的出现对人类既有的各类社会组织形式和交往模式进而对整个社会结构及其组织方式进行了全面的重构、重塑和重组，[1] 新媒体的发展和信息技术的广泛运用，既为思想政治教育收集、传播、转化、储存信息带来了便捷，也向思想政治教育提出了新要求与新挑战。[2] 人在哪儿，宣传思想工作的重点就在哪儿，网络空间已经成为人们生产生活的新空间，那就也应该成为我们党凝聚共识的新空间。[3] 一旦对民情、舆情把握不准，对一些重大问题与突发事件的前兆缺乏警觉，思想政治教育必定陷于被动，甚至有丢弃阵地、丧失话语权和存在合法性的可能。[4]

基于互联网时代思想政治教育工作的重要性，西南政法大学马克思主义学院与重庆市合川区互联网信息办公室进行深度合作，签署建立思想政治教育专业教学实践基地的协议。根据协议要求，在网络思政的实习实践中，西南政法大学的青年大学生需要扮演思政工作者的角色，深入理解网络文化的特性，准确把握其传播规律及对大众思想理念的渗透方式，有针对性地优化教育内容。思想政治教育对人的精神世界的观照更为强烈，它关注更多人的思想巩固或转换，即引导人们进行思想建构，使思想在人的意识中获得生命力。[5] 思想政治教育与网络管理相结合，以社会主义核心价值观为引领，结合网络舆情与热门话题，用主流意识形态批判网络文化中的错误思潮，塑造大众正确的世界观、人生观和价值观，提高大众的思辨能力和批判性思维能力。

---

[1] 罗洪铁、周琪、王斌：《思想政治教育学学科理论体系演变研究》，中国社会科学出版社，2012年，第199页。

[2] 郑永廷、田雪梅：《社会治理与思想政治教育的发展》，《思想理论教育》，2017年第6期，第14页。

[3] 闻言：《新时代党的宣传思想工作的根本遵循》，http://dangjian.people.com.cn/n1/2021/0104/c117092-31987907.html。

[4] 代玉启：《思想政治教育参与社会治理的路径优化》，《思想理论教育》，2017年第6期，第23~24页。

[5] 李合亮：《解构与诠释：思想政治教育的基本问题研究》，人民出版社，2015年，第131页。

图 3-1　西南政法大学马克思主义学院与重庆市合川区互联网信息化办公室、共青团合川区委员会共建合作基地仪式

二、多方整合社会资源

高校要实现良好的实践育人效果,首先需要积极整合来自政府、企业、社区、非营利组织等社会各界的资源。这种整合不仅仅是物质资源的汇聚,更重要的是经验、知识和技能的交流与共享。通过与社会各界建立合作伙伴关系,高校可以为学生提供多样化的实践平台,包括实习实训基地、社区服务项目、行业研究课题等,使学生能够在真实的社会环境中学习和成长。

同时,高校还需要破除横亘在学术界和实践领域之间的壁垒。这包括打破传统教育模式中理论与实践脱节的问题,推动教师与行业专家的深度合作,以及鼓励学生参与到真实的工作项目中去。通过这种方式,学生不仅能够将课堂上学到的理论知识应用到实践中,还能够在实践中进一步深化对理论的理解和掌握。

此外,形成教育合力意味着要将社会资源与课堂教学有机结合,实现教育资源的优化配置。这要求高校在课程设计上更加注重实践性,将实践环节融入到课程体系中,确保学生有足够的机会参与实践活动。同时,高校还应该建立一套完善的评价体系,对实践育人的效果进行评估和反馈,以不断改进和提升实践育人的质量和效果。

搭建专业教育实践基地,除了为学生提供专业实习和开展实务教学的条件外,还可以将教育实践基地与专业教学课程相结合。例如,思想政治教育案例分析课程可以与重庆市渝北区委政法委社会矛盾调解中心对接,青年学概论课程可以与重庆市渝北区团委对接，网络思想政治教育课程可以与重庆市合川区互联网信息化办公室对接，彼此合作互利，共同发展。

社会实践基地为课堂教学提供了丰富的案例和理论研究素材。通过将课堂教学"搬进"社会实践基地，由实践基地的实务导师对学生进行现场授课，可以使教学内容更加具体生动，激发学生的学习兴趣，拓展学生的视野，锻炼学生的实践能力。积极探索校地协同、校企协同等创新教育模式，也为教师主动融入地方经济社会发展创造了机会，为教师的职业成长搭建了平台，使教师在社会服务中得到真正的成长。①

第三节 思想政治教育专业实践育人的亮点

如何增强大学生对思想政治教育专业的认同感？如何激发他们的学习兴趣？如何提升其专业学习的获得感？根据学生"喜闻乐见"和马克思主义理论教育"形神兼备"的原则，高校教师可以利用课堂这一主阵地，构建将学生实践成果适时融入课堂教学的学生宣讲平台。② 随着互联网时代的到来，思想政治教育越来越重视网络的作用。网络不仅改变了信息传播的方式，也重塑了人们交流思想、分享观点的平台。在这样的背景下，思想政治教育越来越重视网络的作用，认识到了网络在塑造公众意识形态、传播社会主义核心价值观以及引导社会思潮方面的重要作用。

西南政法大学将党的十九大、二十大精神融入实践教学，创新人才培养模式。2017年10月18日至10月24日，党的十九大在北京召开。西南政法大学于2017年10月25日成立了习近平新时代中国特色社会主义思想大学生讲习所（以下简称"大学生讲习所"）。西南政法大学成立"大学生讲习所"的举措，体现了该校对于新时代思想政治教育的深刻理解和积极响应。

这一平台的建立，一方面是为了促进青年大学生深入学习党的十九大精神和中央发布的其他重要文件，确保习近平新时代中国特色社会主义思想能够深入人心，成为学生认识世界、分析问题的理论工具。通过这一平台，学生不仅

---

① 石玉平、杨福荣、刘刚：《思想政治教育专业创新型人才培养模式探索与实践》，中国社会科学出版社，2017年，第122~123页。

② 雷志敏、邱华：《增强思想政治教育"二力二性"的策略探究》，四川大学出版社，2022年，第28页。

能够在课堂上系统学习理论知识，还能通过讨论、研究和实践活动，将这些理论知识内化为自己的思想武器，从而在日常生活和未来的工作中发挥指导作用。

另一方面，"大学生讲习所"的成立也是为了打造一支专业的高校宣传队伍，这支队伍将致力于传播习近平新时代中国特色社会主义思想，使之成为引领新时代青年的行动指南。通过这支队伍，学校希望能够培养出一批具有坚定马克思主义信仰，深刻理解中国特色社会主义理论，并能够将其有效传播给更广泛群体的青年马克思主义者。这些人才将成为未来社会各领域的中坚力量，他们不仅会在学术上有所建树，更会在社会实践中展现出马克思主义理论的生命力和实践价值。

一、建立"大学生讲习所"育人模式[①]

在思想政治教育专业人才培养实施方案中，西南政法大学以"大学生讲习所"为主体，着力推进"习近平新时代中国特色社会主义思想大学生讲习所"本科课程建设。课程团队以"习知、传播、践行"三个环节为抓手，将价值塑造、知识传授和实践能力培养融为一体，贯穿于本科实践课程的全过程，促进大学生深刻领会习近平新时代中国特色社会主义思想的真理力量和实践伟力，深刻领悟"两个确立"的决定性意义，增强"四个意识"、坚定"四个自信"、做到"两个维护"。

在具体教学环节上，指导教师要求学生分组参加实践，训练学生以新媒体成果制作训练营、网络微视频制作大赛、网上微宣讲等方式，提升思想政治内容线上传播能力；指导学生到企事业单位、基层社区、村社开展线下宣讲与社会实践，提升学生交流沟通、组织协调和知识应用等方面的能力。

每学期，"大学生讲习所"会选拔优秀学员围绕"学、悟、讲、做"开展理论学习、小组研讨、名家讲座和基层调研；组建宣讲队，走入"形势与政策"课堂，向同龄人宣讲党最新的理论与政策；坚持"双向启发式"育人，突出马克思主义传播人才培养的朋辈示范效应；走进基层社区、工厂、农村，开展宣讲和社会调研，做到"上接天线、下接地气"，用生动鲜活的故事注解理

[①] 本部分相关资料来自西南政法大学邓斌、耿密等教师申报的西南政法大学教学成果奖《"大学生讲习所"实践育人模式的建构与应用》，以及邓斌教授牵头、耿密副教授等作为核心成员申报的重庆市一流课程《习近平新时代中国特色社会主义思想大学生讲习所》。相关资料由耿密副教授提供，特此说明。

论，用浅显易懂的语言阐述理论的内涵。

"大学生讲习所"形成了"学习、宣讲、践行"三位一体的育人模式，以特色鲜明的政治属性、积极主动的学生参与性、影响广泛的社会实践效果，走出了一条独特的实践育人之路。

二、展现"大学生讲习所"育人成果[①]

（一）创立师生教学相长的育人平台

"大学生讲习所"创立了教学相长的育人平台，构建了马克思主义传播人才培养的新载体。高素质的马克思主义传播人才的培养不应仅停留在课堂教学上，而应将传道授业与实践体验结合起来，引导师生在实际体验中提升马克思主义传播的有效性。大学生讲习所在课堂主阵地和团学组织的"第二课堂"教育之外，为师生构建了自我教育的新载体。

"大学生讲习所"的学员既是施教者也是受教者。"大学生讲习所"成员要给其他学生讲清楚各种理论，自己首先就要学懂、弄通、做实，只有自己更加努力学习，丰富自身阅历，才能提高自己在受教者中的影响力。同时，"大学生讲习所"也会促进指导老师自身加强理论学习，积累实践经验。这种学习模式将使师生共同努力，互相感染，老师的人格魅力指引学生的行为模式，学生谦虚好学的态度激发老师严谨求实的工作状态，两者相辅相成，促进师生共同成长。

（二）创立朋辈教育讲授平台

"大学生讲习所"创立了朋辈教育讲授平台，探索了强化思想政治教育理论课实效性的新方式。马克思主义理论具有很强的应用性，但长期以来，高校的思想政治理论课教育以理论讲授为主，缺乏生动的实践经验支撑，如何将书本上的知识转化为学生容易接受的信仰还需进一步加强。"大学生讲习所"让大学生自己走上前台，对同龄人进行宣讲，利用朋辈教育的力量，用青年人的经历和话语，解决青年人的困惑。这种新方式能进一步促进马克思主义理论传

---

① 本部分相关资料来自西南政法大学邓斌、耿密等教师申报的西南政法大学教学成果奖《"大学生讲习所"实践育人模式的建构与应用》，以及邓斌教授牵头、耿密副教授等作为核心成员申报的重庆市一流课程《习近平新时代中国特色社会社会主义思想大学生讲习所》。相关资料由耿密副教授提供，特此说明。

播的有效性。新华社曾从"以思辨激发思想的火花""'学生讲给学生听'讲出新时代强音""让'青年之声'更加响亮"三个角度，对西南政法大学"大学生讲习所"宣讲党的十九大报告活动进行了详细报道。①

（三）创立实践育人创新平台

"大学生讲习所"创立了实践育人的创新平台，探索了马克思主义理论在校园传播的新途径。其创办的目的在于让大学生们从自己的视角出发，学习宣传党的理论和政策，使大学生真正成为习近平新时代中国特色社会主义思想的传播者和践行者。同时，"大学生讲习所"也是一个社会实践课程，已经发展成为一个体系完善的实践育人创新平台，能够很好地融入马克思主义传播人才培养的教学体系中。

该平台已经形成了由学校党委进行总体规划指导，学校相关职能部门全力支持，马克思主义学院具体实施的立体运行架构。经过多年的建设和完善，该平台的运行方式日趋成熟，不仅包括校园内的理论学习和宣讲训练，还包含校外的各种宣讲展示实践机会。

总之，"大学生讲习所"在不断完善与发展中，将马克思主义理论的最新成果传播给大学生群体，探索出了一条马克思主义校园传播的新途径，受到了新华社、中央电视台、《光明日报》等媒体的报道。

三、彰显"大学生讲习所"育人模式特色②

（一）理论学习与社会实践紧密结合

"大学生讲习所"的实践育人模式将社会实践作为核心，将大学课堂的理论教育与企业、基层社区、乡村的社会实践教育相结合。这种模式让参与讲习所的大学生在社会实践过程中了解社会、增长才干，并在实践中提升他们将理论知识应用于实际的能力，通过获得每个阶段的"小成就"来激励大学生增强荣誉感、使命感和责任心。2019年暑期，"大学生讲习所"组织了17支队伍前往重庆10余个区县的乡镇进行宣讲和调研。他们围绕"重庆乡村的新变化、

---

① 黄豁、柯高阳：《让青年人发出新时代强音——西南政法大学"大学生讲习所"活动见闻》，http://www.xinhuanet.com/politics/2017-12/12/c_1122100605.htm。

② 本部分相关资料来自西南政法大学邓斌、耿密等教师申报的西南政法大学教学成果奖《"大学生讲习所"实践育人模式的建构与应用》。相关资料由耿密副教授提供，特此说明。

精准扶贫的新收获、城乡配套改革的新成就、山清水秀美丽之地的新保护"等主题进行了数十次宣讲,并完成了多份调研报告,取得了显著的实践教学效果。

(二)理论素养与传播意识并重

"大学生讲习所"的实践育人模式在教学内容上形成了特色鲜明的理论素养培育和传播意识养成路径。

一方面,理论知识的传授不仅要善于把握国家发展的大势,准确把握时代的脉搏,还要将习近平新时代中国特色社会主义思想以及自党的十九大以来党中央历次重要会议精神与大学生关注的热点问题相结合,从而更好地引导大学生形成理论认知,提升他们的思想素质,并激励他们为谱写新时代强国富民的新篇章贡献力量。

另一方面,"大学生讲习所"的学员在修读了新闻学专业的一部分课程后,增强了新媒体时代下的传播意识,并通过学习微视频制作、网络新闻制作与发布等技能,积累了实践经验,从而强化了马克思主义传播人才的综合素质。

(三)"学"与"讲"相结合

"大学生讲习所"的实践育人模式在传统教学方式的基础上进行了创新,教师全程参与,让教学活动从灌输式教育,转变为"双向启发式"学习。

"学"的内容为"讲"打下坚实的理论基础,"讲"作为实践教育的组成部分,使"学"的过程更加深刻和透彻。"大学生讲习所"通过不断学习党的最新理论和方针政策,并根据社会形势的发展不断优化教育内容,最大限度地调动学生学习的积极性。"讲"的方式新颖多样,不仅包括在"形势与政策"课堂上开展的朋辈教育校园宣讲,也包括走出校门到企业、社区、乡村对群众进行的社会宣讲。"讲"使得"学"更加积极主动,引导学生在实践中更好地接受教育,并为其他大学生树立榜样,发挥了良好的朋辈示范效应。

四、"大学生讲习所"实践案例

"大学生讲习所"的学生主要来自思想政治教育专业。思想政治教育专业学生通过"大学生讲习所"这一平台,发挥了思想政治教育的功能,育人效果显著。

（一）案例一："大学生讲习所"首次宣讲会

2017年11月7日下午，"大学生讲习所"首场宣讲会在西南政法大学毓才楼报告厅举行。在首次宣讲会上，西南政法大学党委负责人表示，"大学生是建设中国特色社会主义的生力军、接班人，大学是他们形成正确世界观、人生观和价值观的关键时期，因此他们尤其需要理论的浸润。"党的十九大刚一结束，学校就迅速启动、成立了"大学生讲习所"，目的是改变传统的宣讲学习方式，让大学生们用自己的视角来学习、宣传党的十九大精神，真正成为习近平新时代中国特色社会主义思想的传播者和践行者。

"接下来，讲习所将采取'项目制''班团制'相结合的方式，让大学生宣讲员走进课堂、宿舍、社区，通过读书会、研讨会、讲座、论坛、社会实践等形式，面向全校学生及周围居民进行宣讲学习。"学校党委书记表示，这样不仅可以让习近平新时代中国特色社会主义思想在大学生心中生根发芽、枝繁叶茂，还可以提高他们的理论水平、演讲和表达能力，培养和造就一批青年马克思主义学者和马克思主义传播人才。

"大学生讲习所"来自马克思主义学院思想政治教育专业本科学生刘同学宣讲学习的题目是：《在全面建设社会主义现代化国家的新征程中建功立业》。刘同学展示的幻灯片上显示出这样的画面：一位大学生模样、外形清瘦的青年，正在一家咖啡馆里忙碌。现场有同学发出低呼："这不是马克思主义哲学专业硕士毕业的汪师兄吗？""汪师兄来自重庆市城口县的农村家庭，一家四口的生活十分艰辛。为了自力更生，他创办了豆芽咖啡馆，后来成为几家连锁咖啡店的老板。"刘同学将汪师兄的故事娓娓道来，汪师兄在创业成功后，还开设了专注于大学生创业的众创空间"豆芽青年空间"，以整合高校、企业与社会资源，打造可持续发展的大学生创新创业模式。接下来，刘同学又用另外几位大学生的例子，阐明了青年大学生在全面建设社会主义现代化国家的新征程中，该扮演怎样的角色、如何建功立业。听着刘欣怡的讲述，台下的大学生们频频点头，并报以热烈的掌声。①

（二）案例二：走进"超级工程"重庆段项目部

2018年9月7日晚，西南政法大学"大学生讲习所"大学生走进了"超

---

① 《〈重庆日报〉整版报道我校"讲习所"首次宣讲活动》，https://zhuanti.swupl.edu.cn/cp19c/pubs/jnews/jmedia/233403.html。

级工程"郑万铁路重庆段7标项目部宣讲党的十九大精神。项目部全体党员和职工代表100余人现场聆听。

来自西南政法大学的"大学生讲习所"成员紧紧围绕十九大精神之"新"和"不忘初心、牢记使命"主题，重点解读十九大报告精神实质、思想内涵和深远影响，并就党的十九大精神如何在建设一线落地生根、开花结果，分享了心得体会。

宣讲活动中，郑万铁路7标项目技术员汪某以亲身经历和所见所思，深情讲述了"攻坚郑万"青年突击队的感人故事；带领团队日夜奋战在建设一线的项目党支部书记，围绕党建如何深度融入中心工作、发挥政治核心作用等主题，作了汇报交流。

"听得懂，记得住，用得上！""接地气，带劲头，提精神！"参加活动的职工纷纷表达自己内心感受。项目党支部书记表示，项目党支部将不断夯实党建工作基础，发挥党支部战斗堡垒和党员先锋模范作用，促进郑万铁路建设各项任务圆满完成，团结引领大家建好国家"超级工程"，用才智和担当绘制高铁建设优美画卷，精心建造"幸福隧道"工程，讲好郑万铁路好故事，传播重庆铁路建设好声音。[①]

（三）案例三：前往桂香村宣讲

2019年5月23日，"大学生讲习所"成员前往重庆市梁平区紫照镇桂香村参加由梁平区委宣传部、区扶贫办主办、紫照镇承办的习近平总书记扶贫工作重要论述"榜样面对面"宣讲活动，与当地宣传部门一起开展习近平总书记扶贫工作重要论述宣讲活动。

宣讲员分别表演了精心准备的节目，包括：宣讲《干部百姓一条心，打赢脱贫攻坚战》、朗诵《我们都是扶贫人》和快板《精准扶贫好处多，党的政策暖心窝》。这些节目重点宣传了我国扶贫工作取得的成就、习近平总书记考察重庆重要讲话精神以及重庆市委五届六次全会精神和有关扶贫工作的指示；道出了扶贫路上干部与乡亲同心共振，合力攻坚的决心，对奋斗在脱贫攻坚第一线的干部表示敬意；同时也鼓励父老乡亲撸起袖子加油干，脱贫致富，为决胜全面小康努力奋斗。

同学们的宣传形式多样，接地气，老乡们听得懂，看得明白。扎实的理论

---

① 《"超级工程"郑万铁路重庆段7标，大学生讲习所宣讲十九大精神（图）》，https://news.sina.com.cn/o/2018-09-11/doc-ihiycyfx0446752.shtml。

功底、良好的精神风貌也让人耳目一新，得到了与会干部和乡亲的交口称赞。①

（四）案例四：走进宝圣湖派出所

2021年4月8日下午，应重庆市渝北区宝圣湖派出所邀请，"大学生讲习所"李同学、魏同学、黄同学前往宝圣湖派出所开展党史宣讲。

李同学讲述科学社会主义在中国的实践，以亲身经历向各位展现国家经济发展、脱贫攻坚的伟大成就。魏同学则分享了改革开放第一村——安徽凤阳小岗村的发展全过程，以翔实的资料、动人的叙述向大家讲述了小岗村随着改革开放一步步由贫困走向富足的全过程。黄同学以一张张历史图片为线索，阐述了解放战争时期中国共产党土地改革的历程。

整个宣讲历时近一个小时，三位同学以点带面、以小见大的精彩宣讲引起了宝圣湖派出所民警们的强烈反响。大家纷纷表示，要以本次宣讲为契机，在学党史上下功夫，真正做到"学史明理、学史增信、学史崇德、学史力行"，做到融会贯通、入脑入心、知行合一。②

（五）案例五：参与党史学习讲座

2021年4月23日上午，马克思主义学院耿副教授与"大学生讲习所"学生徐同学、林同学为渝北区税务局党员开展了一场党史学习讲座。此次讲座是该局党委中心组（扩大）学习会议的主题内容。渝北区税务局班子成员、各党支部党员，以及下辖的各税务所部分党员代表，共50余人参加了本次讲座学习。

此次讲座以"百年初心 不忘来路"为主题，系统解读中国共产党百年来的革命奋斗历程。讲座引言是徐同学、林同学讲述的两则党史故事。两位同学围绕王良、李蔚如烈士为革命矢志不渝奋斗、英勇牺牲的不平凡人生作了深情讲述，引起了与会者的共鸣。然后，耿副教授结合这两位英烈的故事逐渐展开，围绕"为什么说民族复兴是近代中国人共同渴求的愿望"、"为什么近代其他救国方案不能成功"、"为什么中国共产党能够领导人民取得革命的成功"三个问题，深刻剖析了中国共产党为什么"能"的根本原因。在讲座中，耿副教

---

① 《大学生讲习所深入贫困村开展主题宣讲活动》，https://news.swupl.edu.cn/xydt/266093.htm。

② 黄子晗：《大学生讲习所党史宣讲走进宝圣湖派出所》，https://xzmy.swupl.edu.cn/xwdt/300725.htm。

授结合历史演变规律、党史发展的主题主线，既有深入的理论分析，又有动人的事例讲述，深入浅出，生动形象。与会者听后，纷纷表示通过讲座学习，加深了对党史学习重要性和必要性的领悟，将牢记党员的初心使命，结合自身工作实际，服务好当下的经济社会发展。

（六）案例六：再访桂香村

2021年4月27日，为深入学习贯彻习近平总书记在党史学习教育动员大会上的重要讲话精神，深化思想政治引领，引导广大师生厚植爱党、爱国、爱社会主义的情感，以昂扬向上、奋发有为的精神状态迎接中国共产党建党100周年，"大学生讲习所"成员再次走进重庆梁平区紫照镇桂香村，开展党史宣讲。

到达桂香村后，同学们首先在村书记陈某带领下参观了当地的产业示范基地——黄金油桃生产基地。书记是马克思主义学院副院长，自2019年以来挂职梁平区紫照镇桂香村第一书记。

据悉，为打赢打好脱贫攻坚战，桂香村充分发挥当地优势，因地制宜确定了"短中长相结合，发展小规模、多品种、高品质山地特色高效农业"的计划，以小规模产业项目规避市场风险，以多品种产品产出适应市场需求，以产出产品的高质量打造"紫照桂香"品牌拓展销售渠道，突出"短、中、长"三线战略，带动贫困户脱贫致富奔小康。

"让我们一起重温那段抛头颅、洒热血，守初心、担使命的革命历史。"参观结束后，同学们来到桂香村村委会会议室，为桂香村的村民们带来了一场"凝心聚力学党史，砥砺前行谋新篇"的党史宣讲。

一页页PPT翻转，一张张老照片回首。同学们用诗朗诵、微宣讲、合唱等形式引领大家走入战火纷飞、红旗招展的岁月。近一个小时的宣讲，给桂香村的村民们送上了一道红色文化大餐。

宣讲结束后，同学们又深入开展面对面的入户宣讲。同学们在院坝、在田间地头用通俗易懂的语言，讲述了中国共产党的百年光辉历程和伟大历史贡献，通过一个一个革命故事，描绘了中华民族从站起来、富起来到强起来的伟大飞跃。结合脱贫攻坚和乡村振兴，用身边的变化和典型，引导和激励村民听党话、感党恩、跟党走。

村民们听后纷纷表示，他们对党的历史更加了解和感兴趣了。共产党在100年的发展中取得了举世瞩目的辉煌成就，国家发生了翻天覆地的变化。尤其是在农村，大家都富裕了，过上了好日子，为党、为国家感到由衷的骄傲，也更加坚定了感党恩、听党话、跟党走的信心和决心。

"大学生讲习所"宣讲团负责人、马克思主义学院本科 2018 级同学李同学表示，马院学子将持续开展党史宣讲，积极拓展宣讲渠道，走进学校、走进企事业单位、走进社区宣讲红色故事、重温革命精神，一起学史明理、学史增信、学史崇德、学史力行，从党的百年伟大奋斗历程中汲取智慧和力量。①

（七）案例七：走进中学校园

2021 年 4 月 30 日，为深入学习贯彻习近平总书记在党史学习教育动员大会上的重要讲话精神，深化思想政治引领，引导广大师生厚植爱党、爱国、爱社会主义的情感，以昂扬向上、奋发有为的精神状态迎接中国共产党建党 100 周年，"大学生讲习所"党史宣讲团走进中学校园，进行党史宣讲，带领中学生们一起回顾了中国共产党百年党史的光辉时刻。

讲习所成员张同学以"星星之火，点燃来时路"为主题宣讲，带人们回首井冈山革命，从耳边响起南昌起义的第一声枪响，到八七会议绝处逢生，秋收起义，三湾改编，到井冈山革命根据地的建立，革命的星火燎原呈现在同学们眼前。

伴随着《马兰谣》，讲习所成员贺同学向同学们娓娓道来邓稼先、于敏、程开甲老先生的故事，三位先驱都是"两弹一星"的成员，都是将己身之所有奉献给国家核弹事业，不慕名利，默默奉献。

讲习所成员魏同学，以"改革春风沐华夏，小岗再谱新篇章"为主题宣讲，让我们目睹改革开放的风云。宣讲人以小见大，纵观整个中国改革开放以来的历史峥嵘，无数个小岗村一样的故事轮番上演。改革开放的成果丰硕，但仍有新的挑战等待着我们。"一个时代有一个时代的课题，一代人有一代人的使命。虽已过千山万水，但仍需跋山涉水。改革没有完成时，永远都在进行中。"

讲习所成员向同学宣讲"中国的底气来自哪里？""中国的底气来自国防。"同学们激烈地回应着。宣讲人用生动的比喻阐述国防的重要。开拓的时代，核武器的研制历经磨难。如今，中国的腰杆早已挺起来，国防成为中国的底气。

讲习所成员李同学带我们回望了党为人民带来幸福生活的历程。中国的社会主义从诞生之日便致力于最广大人民的根本利益，一直以来中国共产党人也

---

① 《大学生讲习所走基层 | 脱贫村里的一场百年党史宣讲》，https://mp.weixin.qq.com/s/eW8CMvIfC_LOy8p0kyCI-w。

把自己完全融入到为中国人民谋幸福、为中华民族谋复兴的奋斗之中,把满腔热忱完全投入以人民为中心的发展中。如今的我们青春正当时,未来社会主义建设的任务即将传到我们手中,我们更应怀着"为天地立心、为生民立命,为往圣继绝学,为万世开太平"的壮志,不忘初心、牢记使命,投身于继续为中国人民谋幸福的奋斗中去!

百年党史进校园,通过本次宣讲活动,增强同学们听党话、跟党走的自觉,努力做到学史明理、学史增信、学史崇德、学史力行。[①]

五、"大学生讲习所"的成就与发展方向

实践出真知,实践是生动鲜明的课堂。立德树人就是要通过马克思主义理论学习与社会实践的结合,树立大学生的马克思主义信仰;通过"知行合一",在理论学习与社会实践中锤炼大学生的理想信念,将当代大学生培养成为能够坚定"四个自信"、坚定共产主义理想信念的全面发展的时代新人。[②] 从育人的要旨来讲,"人的行为是一种实践过程,而人的需要、思想动机是从实践中产生的。所以,行为的结果必然反作用于人的思想,影响人的思想动机和需要,使人们的思想进一步丰富、升华"[③]。西南政法大学"大学生讲习所"通过数年实践教学的探索,已经形成了一系列比较成熟的教学方式、方法和实践模式,取得了积极的效果。

截至2022年底,参加"大学生讲习所"的学生逾2000人,1500余名师生走出校门参与政策宣讲、调研实践、志愿服务,校内外累计覆盖宣讲听众超40000余人,讲习所还分别与中央党校马克思主义学院、中国教育干部网络学院、中建隧道集团公司、重庆市渝北区团委等10余家单位建立合作关系,并定期组织学生宣讲。

(一)"大学生讲习所"深受学生喜爱

从创新性、有效性、推广性来看,"大学生讲习所"深受学生喜爱,得到了同行专家、教师的肯定。可以说,"大学生讲习所"实践育人模式是马克思

---

① 《党史宣讲进校园 | 大学生讲习所赴两江中学宣讲党史》,https://mp.weixin.qq.com/s/iODzZ8YwNU0AG8eWqRB7Yg。
② 雷志敏、邱华:《增强思想政治教育"二力二性"的策略探究》,四川大学出版社,2022年,第29页。
③ 王学俭:《现代思想政治教育前沿问题研究》,人民出版社,2008年,第150~151页。

主义传播人才培养实践育人方式革新的一次成功探索,在校内外、市内外乃至全国有较高的认可度,已经成为重庆市高校思想政治理论课程教学与实践育人有机结合的重要典范;已经成为具有较高美誉度的马克思主义宣传阵地、青年马克思主义者培养平台和全校开展大学习的新课堂,引起了校内外媒体关注,并得到了高度评价。

(二)"大学生讲习所"获得各界肯定

"大学生讲习所"实践育人获得了国家层面的高度肯定,获得了相应的荣誉。2019年12月"习近平新时代中国特色社会主义思想大学生讲习所"课程被学校确定为校级一流社会实践课,后于2020年入选重庆市高校社会实践一流课程,2022年入选重庆市高校一流本科课程示范案例,2023年入选第二批国家级一流本科课程。

"大学生讲习所"引起了校内外媒体关注,并得到了高度评价。"大学生讲习所"宣讲活动被中央电视台、《光明日报》、新华社、光明网、《重庆日报》等重要媒体多次报道。2017年11月15日,中央电视台综合频道新闻联播栏目在题为《用新思想武装头脑 用新作为开创未来》的新闻播报中报道了西南政法大学"大学生讲习所"宣讲活动。2017年12月13日,《光明日报》头版以《让青年人发出新时代强音——西南政法大学"大学生讲习所"活动见闻》为题[①],对"大学生讲习所"宣讲党的十九大报告活动进行了详细报道,这篇报道同时被央视网、新华网等平台转载。西南政法大学利用暑期时间,组织"大学生讲习所"优秀学生赴越南宣讲"十九大精神"和习近平新时代中国特色社会主义思想,同当地学生、教师开展了友好交流,并且得到当地师生高度评价。

(三)"大学生讲习所"未来发展与展望[②]

从未来发展方向看,"大学生讲习所"将在以下几个方面继续改进。

1. 强化激励机制

为进一步完善"大学生讲习所"教师课程的绩效认定机制和优秀学生实践

[①] 《让青年人发出新时代强音——西南政法大学"大学生讲习所"活动见闻》,http://www.xinhuanet.com/politics/2017-12/12/c_1122100605.htm。

[②] 本部分核心资料来自邓斌教授牵头、耿密副教授等作为核心成员申报的重庆市一流课程《习近平新时代中国特色社会主义思想大学生讲习所》。相关资料由耿密副教授提供,特此说明。

成果评比机制，可以采取以下措施：在教师方面，应对教师在"大学生讲习所"的实践课程工作绩效进行量化的计量和统计。在学生方面，每学年应开展2至3次优秀学生实践成果评选活动，并探索多维度的评价和激励机制。

2. 拓展实践基地

加强实践基地建设，计划在未来5年内再与15家单位签署社会实践长期合作协议，着力打造更加多样化的实践基地，为"大学生讲习所"提供更丰富的实践平台。

3. 创建仿真实验室

创造性地运用虚拟现实技术，重点建设立体化的"沉浸式"虚拟三维显示系统和开放式网络化虚拟实验教学系统，着力运用虚拟仿真技术手段，在理论与实践培训中，运用好"云平台"手段，提升学生的理论知识和宣讲传播能力。

4. 创新实践课程

与学校团委下属的艺术团、西南大学音乐学院等机构合作，进一步拓展实践训练课程的广度，让学生在能读、能写、能讲的基础上，还能进行表演。根据当代青年大学生的个性特征和兴趣爱好，紧跟时代潮流，尝试运用适当的文艺表演形式对部分宣讲内容进行创新性呈现，为"大学生讲习所"走进基层开展传播活动提供更丰富的表达形式，从而增强宣讲的吸引力和感染力。

5. 打造网络传播品牌

通过校外实践平台和互联网融媒体平台，加强"大学生讲习所"宣讲内容的多样化传播。开通"大学生讲习所"微信公众号，以及在抖音、B站等网络平台开通"大学生讲习所"账号，让这门实践课程在大学生喜闻乐见的网络载体中发声和出彩，形成网络传播品牌。

第四章 高校思想政治教育专业大学生的职业规划

第一节　思想政治教育专业大学生的职业定位

一、思想政治教育专业大学生职业规划概述

(一) 大学生职业规划背景分析

随着高等教育进入大众化、普及化阶段，大学生就业问题成为高校建设和发展的重点，高校辅助大学生进行职业规划认知、择业、就业愈发重要。党的十九大报告指出，就业是最大的民生，要坚持就业优先战略和积极就业政策，实现更高质量和更充分就业，大规模开展职业技能培训，注重解决结构性就业矛盾，鼓励创业带动就业，提供全方位公共就业服务，促进高校毕业生等青年群体、农民工多渠道就业创业。[①] 大学生是青年群体就业的主力军，这要求高校引导学生做好职业规划，树立理性、科学的就业观。

所谓职业规划，是指大学生群体在充分学习和掌握专业知识的基础上，要结合自身兴趣爱好、性格特征和职业理想，通过对未来职业进行对比分析，为其未来职业生涯进行系统性设计和前瞻性安排。大学生要做到对专业知识的熟练掌握和灵活运用，养成较高的本职业务素质、科学文化素质、身心健康素质。

思想政治教育专业的学生在此基础上还需要培育较高的思想政治素质，坚持以人民为中心的政治立场、坚定共产主义远大理想和中国特色社会主义共同理想、培养积极向上的道德品质，清晰认识自己的就业方向，明确自身发展的近期、中期、长期目标，在实践中正确运用专业知识，在不断创造社会价值的同时体现自我价值。

---

① 《习近平：决胜全面建成小康社会 夺取新时代中国特色社会主义伟大胜利——在中国共产党第十九次全国代表大会上的报告》，https://www.gov.cn/zhuanti/2017-10/27/content_5234876.htm。

（二）影响大学生职业规划的因素分析

高校是大学生形成世界观、人生观、价值观的重要阵地。处于求学阶段的思想政治教育专业大学生，尚未养成正确的世界观、人生观和价值观，在政治观念、价值观念、恋爱观念、心理素质等方面尚未完全成熟，接受新鲜事物的能力强，在职业规划认知和实施过程中，容易受到来自自身、家庭、学校、社会等多方面因素的影响。

1. 大学生自身因素

思想政治教育专业大学生的个人因素是影响其职业认知的根本性和基础性因素。不同年龄、性别的大学生由于先天禀赋、个性特质以及后天知识与能力养成的差异，对职业规划的认知、制定和实施往往不同。例如，在 MBTI 性格职业测试中，通过对注意力方向、认知方式、判断方式、行为方式四个维度的评估，将个体分为十六种人格类型，每种人格类型对应不同的职业倾向。学生的知识储备水平和对知识的转化能力对职业发展至关重要。知识储备型人才和实践型人才对职业的期望相对较高，可实现的程度也相对较大，规划方案的制定相对容易，未来发展也更可期。相反，缺乏知识储备、不善于实践的人，其职业选择和职业期待会受到自身竞争力的限制。

大多数大学生的年龄在 17 岁至 25 岁之间，处于职业规划的探索阶段。随着自身认知能力的提高和对不同职业了解的加深，专业知识的学习成为个人全面发展的重要任务。正确价值观的形成、良好生活态度的培养、职业选择的决策，都是影响新时代大学生长期发展的内在要素。此外，性别差异也会影响大学生对职业的认知。

2. 家庭主要成员的受教育水平

在一定程度上，家庭主要成员的受教育水平会影响思想政治教育专业大学生对不同职业的事实评价和价值判断，进而影响他们对职业生涯规划的态度和职业选择。由于家长受教育水平的限制和对职业规划领域缺乏认识，部分家长在面对当前快速发展的经济和社会形势时，可能缺乏足够的判断能力。他们在大学生的职业选择上可能思维相对保守，倾向于引导大学生选择稳定、有保障、风险较低的职业，而部分大学生在一定程度上会受到家长择业观的影响，淡化对职业规划的重视程度。

家庭收入情况同样是影响大学生职业规划认知的重要因素。对于家庭经济条件相对困难的大学生来说，由于本科毕业后没有足够的社会资源和经济条件可以依赖，他们可能需要先选择就业以维持基本生活，待生活得到保障后再寻求更好的就业环境，因此更容易形成"先就业后择业"的现象。相反，家庭经济条件相对较好的大学生，由于成长视野更开阔，毕业后可以得到家庭更多的经济支持和社会资源，他们有更充足的时间来制定和实施职业规划。

3. 学校的影响

大学及其教师的主要职能是传授知识、教授技能、解答疑惑。大学生在大学所学的专业通常决定了他们未来的职业领域。例如，高校的思想政治教育专业是一个应用性较强的专业，在全国有广泛的分布，不仅集中在师范院校，也布局于多数综合性高校和行业特色型高校。从就业前景来看，该专业的大学生不仅具备理论写作能力，还适合在党政机关、企事业单位从事以专业为基础的党务政务管理、文字、秘书等实际工作，同时也适合在学校和中央、地方的学术研究、政策研究部门从事本专业的教学、研究和宣传等深层次工作。[1]

学校通过解惑促进"学习"、通过授业赋予"能力"、通过传道塑造"品格"，为大学生的职业生涯奠定了基础，从深层次影响大学生的人生。具体来说，学校及教师通过引导大学生成为自我的主人，唤醒大学生对职业生涯规划的意识；唤醒大学生对自我的认知，让他们了解自己是谁，具有什么样的性格特征、对未来有什么样的期望、以及如何实现自己的目标。依托产教融合、科教融合以及校企、校地、校校、校所合作，鼓励大学生通过就业见习、实习实践以及社会实践课程学习，建立相应的生涯体验，增强情绪管理能力和激发沟通交流潜能。在前期生涯唤醒、自我认知和生涯体验的基础上，大学生学会选择既符合社会需求又符合个人兴趣的职业岗位；做好自身的生涯规划管理，立足于人的高级需求，让大学生了解自己真正想要什么、社会需要什么，从而帮助大学生向着生涯发展目标不懈努力。

4. 社会因素的影响

社会变化和时代变迁以及种种复杂的社会因素，是影响大学生职业定向定位的关键因素。社会经济形势决定就业大势。经济是就业的引向标，就业是经济的晴雨表。经济产业政策关联着行业发展，无论是国家发展战略性新兴产业的决策，还是推动高质量发展的战略部署，都会使大学生的专业志趣和从业意向发生调整。

---

[1] 陈红雨、赵瑞瑞：《看就业、挑大学、选专业：高考志愿填报手册 2016 年版》，化学工业出版社，2016 年，第 91 页。

目前，高校思想政治教育专业大学生在职业选择时的衡量指标排在前五位的分别是经济收入、行业发展空间、工作稳定程度、工作压力和社会地位。在社会主义市场经济不断发展的今天，人们对美好生活的向往推动着城市生活成本逐年缓慢提高，大学生在进行职业选择时会更加注重自己的物质利益，经济收入成为多数大学生的首要关注点。中高收入行业和具有较大发展潜力的行业，吸引着众多大学生。

综上所述，大学生对自我认知及职业规划的认知受到多种因素的影响，但究其根本还是在大学生自身。因此，大学生需要牢牢把握国家社会发展新动向，结合自身所学专业，做好学业规划，即通过时间管理和作息管理，明确自己的学习计划，选择自己学业发展的道路，合理规划和确立学业目标；做好职业规划，即通过就业实践体验，探索就业实践途径，加强职业探索和体验，对自己的职业兴趣、综合能力进行测评。同时，做好人生规划，多思考"什么样的人生才有价值，怎样才能实现我的人生价值"。

二、思想政治教育专业大学生职业规划与愿景

近年来，思想政治教育专业大学生就业范围较广，大学生普遍选择了教育行业、公共管理和社会保障行业、交通运输业以及在企事业单位中从事党建、行政工作。同时，报考公务员和事业单位的竞争压力变大，思想政治教育专业毕业生考取公务员和到学校任教的比例相对有所下降。

当前，大学生就业领域存在着两大看似矛盾的社会问题：一是由于毕业生人数增加导致的就业困难问题；二是部分大学生在初就业后频繁跳槽。[1] 究其原因，主要是因为高校职业规划教育的滞后，以及大学生对自身角色认识不全。目前思想政治教育专业大学生在职业生涯规划上存在一系列问题，主要包括：大学生职业生涯规划意识淡薄，难以将理想与现实进行衔接；对自我的片面化认知导致欠缺职业生涯规划方法；学校及社会所提供的职业生涯规划服务体系不健全，在职业规划指导方面流于表面，未能做到因材施教。特别是，当前"00后"毕业生群体就业物质主义取向明显，看重就业收入，就业选择偏好集中在"体制内"，反映出大学生的就业价值偏向于短期主义和功利主义。

然而，当前社会对人才需求的层次与规格越来越高，对各类人才的业务及

---

[1] 杜兴艳、王小增、陈素萍：《大学生职业规划教育对就业稳定性的影响研究——以某校毕业生麦可思调查数据为例》，《北京航空航天大学学报（社会科学版）》，2021年第5期，第134页。

实践能力要求也日趋提升，在一定程度上冲击了大学生的就业信心。针对上述问题，提升思想政治教育专业大学生的就业实践能力，优化其职业规划路径，培养满足社会需求的高素质人才成为亟待解决的难题。

下文将就思想政治教育专业大学生职业规划教育的优化建议做简要探讨。

（一）个人层面

1. 明确职业生涯目标，加强规划意识

生涯规划与学科学习都是大学生"投资未来"的方式。大学生个人需要加强职业生涯规划的意识，主动了解职业生涯规划的重要性，摒弃旧的择业观念。在学习好专业知识的同时，应将个人职业发展与世界观、人生观、价值观有效结合，并有意识地寻求职业规划的指导，确定职业规划目标。当今社会经济高速发展，就业形势瞬息万变。大学生在进入高校之后，应积极探索自己的优势和感兴趣的就业方向，尽早明确职业生涯目标。大学生应以社会需求为背景，针对专业方向和个人兴趣及优势进行规划，并有意识地提升自己的职业技能。

职业规划需要有明确的定位和清晰的职业目标。职业规划应因人而异，在把握自己个性特点、家庭背景等综合因素的基础上规划目标[1]。总之，大学生的职业规划要与职业定位、目标相统一，最终以实践行动追求事业的成功。

2. 利用职业规划工具，提高自我认知

大学生应该积极学习并利用霍兰德职业兴趣测试、MBTI性格测试、SWOT分析等工具，结合自身的优势和性格特点，找出适合自己的职业目标。大学生应从优势、劣势、机会和风险四个方面对思想政治教育专业进行全面、系统的分析，将专业的各种因素相互匹配并加以分析，将"能够做的"与"可能做的"有机组合，从而将个人职业定位与专业特色相结合，以专业之长补个人发展之短。

思想政治教育专业的大学生可以根据自己的意向、兴趣和特长，选择从事中小学思想政治理论课教师、高校辅导员等工作，也可以到企事业单位中从事与党建、群团及意识形态相关的工作等。由于每个大学生的具体能力不同，利用职业规划工具可以帮助大学生充分了解自己的兴趣爱好、特长以及优缺点。

---

[1] 宋锡辉、桂石见、钱明辉等：《现代思想政治教育专业建设研究——以师范类本科专业为对象》，人民出版社，2010年，第288页。

在对自我认知和定位有了清晰的了解之后，大学生才能在实现职业规划上事半功倍。

3. 激发大学生兴趣，树立专业规划意识

兴趣是最好的老师。从形式上讲，要利用新生入学教育、学术专题报告、优秀毕业生现身说法（如座谈会）等机会，向大学生阐明思想政治教育专业的培养目标、社会需求、就业前景等主题。让大学生明确自己的学习目的，才能激发他们对专业课的学习兴趣，从而为他们的进步与成长提供长久的原动力。帮助大学生多方面了解专业知识，找到兴趣点。引导大学生认识到其所学知识在经济社会发展中的应用，也是实现个人价值的重要过程。

从方法上讲，教师要通过教学方法的改革，将深奥的理论以浅显易懂的方式表达出来，促进大学生的理解；要探索更多形式的教学方法吸引大学生参与教学活动，激发专业学习的兴趣；要善于通过实践活动，将学到的专业知识应用于实践，培养学生的动手能力、创新精神和实践能力，从而进一步提高大学生学习专业课的兴趣。

（二）学校层面

1. 科学定位思想政治教育专业培养目标

2018年发布的《普通高等学校本科专业类教学质量国家标准》指出，思想政治教育本科专业旨在培养全面、系统地掌握马克思主义基本理论、思想政治教育规律，以及相关基础知识的专业人才。[①] 这意味着学校需要从制度规范层面合理调整人才知识结构，摒弃以往仅重视专业知识培养的单一思维模式，以夯实通识性知识为基础，着力提升综合素质，明确打造一批以综合素质为底色的思想政治教育专业化人才队伍。这是提高思想政治教育专业学生就业率的首要任务。

同时，需要加强高校就业指导课程师资建设的力度，引导职业规划教师队伍自觉学习国家关于大学生就业与职业规划方面的政策制度，提升运用创新创业教育理论指导大学生实践的能力。重视职业生涯规划课程的设置，形成完善的课程考核机制。

2. 完善实践教学系统

思想政治教育专业大学生就业实践能力的形成和发展离不开现实社会环

---

① 《普通高等学校本科专业类教学质量国家标准》，https://jykxyjy.jsu.edu.cn/info/1464/2999.htm。

境。高校作为大学生教育的主阵地，能够更好地依托教育资源，为大学生建立实践基地，助力大学生创业和就业。高校应以职业能力培养为主线建立实践教学内容体系，坚持立德树人的根本任务，按照基本实践能力、专业实践能力、科研实践能力和综合实践能力的顺序，逐步合理安排实践教学内容，并在各个教学环节中落实实践教学目标。

例如，高校可以通过"真课题、真任务、真实训、真实战"的"四真"实践项目，带领大学生利用寒暑假到社区、厂矿企业、机关事业单位开展各种各样的实践活动。这有助于形成以大学生创新创业能力培养为核心，以社会实践类、实习实训类、科技创新类活动为实践内容的育人模式。让大学生在掌握理论知识的过程中锻炼和提高实践能力，同时也应及时对大学生在实践教学中的实践能力进行考核。[1]

3. 拓展大学生职业生涯规划指导渠道

近年来，高校逐渐开始重视大学生职业生涯规划指导，但在指导内容方面往往流于形式，缺乏信息跟踪和反馈机制。高校应将大学生职业规划指导作为高校建设的重要发展事项，从认知层面和实践层面上肯定大学生职业生涯规划的重要性，以大学生就业为目标，拓展大学生职业生涯规划指导的渠道。

同时，高校应改革现有的就业规划指导管理机制，提高大学生职业规划教育的地位，既要注重指导的数量，也要保证指导的质量。高校需要建立长期的信息跟踪、反馈、提升机制，开启全过程职业生涯规划教育模式，构建"全程化""全员化""个性化"的大学生职业生涯规划辅导体系。在各个学习阶段，高校应引导大学生确立职业生涯目标。[2] 在职业技能的指导上，各高校要通过开设相关课程、举办讲座、素质训练、案例分析、社会实践、参观访问等形式，增强大学生对社会的责任意识，使其树立职业道德、职业准则，培养其职业技能、职业心理素质。[3] 在职业发展的精神培育方面，高校思想政治教育工作者要时刻注重培养大学生的社会责任感，培养大学生吃苦耐劳的奋斗精神、求真务实的实干精神、敢为人先的开拓精神。

---

[1] 郑江松：《高校思想政治教育与大学生创新创业教育的有机融合》，《学校党建与思想教育》，2024年第7期，第89页。

[2] 李丽：《构建思想政治教育视域下的大学生职业生涯规划辅导体系》，《思想教育研究》，2012年第2期，第87页。

[3] 宋锡辉、桂石见、钱明辉等：《现代思想政治教育专业建设研究——以师范类本科专业为对象》，人民出版社，2010年，第289页。

（三）社会层面

1. 构建全方位的培养体系

政府是提供社会保障的主体，肩负着促进高校毕业生更加充分更高质量就业的责任，且能够在资金、技术、政策等方面为毕业生提供就业支持。① 政府需要为高校就业规划指导搭建资源平台。例如，政府可以牵头整合各方资源，充分利用学校和社会的资源，加强企业与高校的合作，建立符合思想政治教育专业特征的职业生涯规划实践基地，进行人才输送，如政府部门实践基地、学校教育实践基地、企业实践基地等。通过让企业与高校合作，为大学生提供实习实践机会，鼓励大学生到各个岗位进行试岗轮岗，帮助大学生选择合适的岗位。

此外，政府在给予政策帮助的同时，也应当做好监督工作，完善配套保障机制，保障高校与实践基地共同发展的稳定性。同时，要求大学生在成长过程中注重理论与实践相结合，不断提高自身综合素质和实践能力，努力成为社会的高素质人才。

2. 建立专业职业咨询机构

目前，我国为大学毕业生提供了一系列的就业保障措施，从制度上确立了就业优先的导向。例如，党的十九届四中全会通过的《中共中央关于坚持和完善中国特色社会主义制度 推进国家治理体系和治理能力现代化若干重大问题的决定》中明确提出，"健全有利于更充分更高质量就业的促进机制。坚持就业是民生之本，实施就业优先政策，创造更多就业岗位。健全公共就业服务和终身职业技能培训制度，完善重点群体就业支持体系。建立促进创业带动就业、多渠道灵活就业机制，对就业困难人员实行托底帮扶。坚决防止和纠正就业歧视，营造公平就业制度环境。健全劳动关系协调机制，构建和谐劳动关系，促进广大劳动者实现体面劳动、全面发展。"② 这将就业制度政策纳入国家治理体系之中，为高校毕业生高质量就业提供了重要基础。

再如，政府部门要求通过签署三方协议来加强法律约束性，保障毕业生工作的稳定性。但是，社会上仍然缺乏专业性较高的职业生涯指导机构和职业规

---

① 李西顺、冯艳霞：《高校毕业生就业质量评价体系：现实困境、国际比较及优化路径》，《中国大学生就业》，2024年第5期，第30页。
② 《中共中央关于坚持和完善中国特色社会主义制度 推进国家治理体系和治理能力现代化若干重大问题的决定》，https://www.gov.cn/zhengce/2019-11/05/content_5449023.htm。

划咨询平台，导致相关信息资源难以完全传达给毕业生。

同时，受社会风气的影响，部分思想政治教育专业的大学生一味追求高薪资和舒适稳定的职业，而忽视了自身兴趣爱好与岗位的匹配度。基于此，社会层面建立专业的职业咨询机构，并由政府部门监督这些咨询机构的运行，或可为毕业生提供全方位的职业指导。同时，政府部门应根据地区教育的实际情况，引导高校和社会咨询机构联合建立专业度高的职业咨询平台，帮助思想政治教育专业的毕业生全方位地了解社会需求，从而选择与自身兴趣爱好匹配度高的职业，确保大学生就业的稳定性。

3. 制定大学生职业规划指导政策

思想政治教育专业大学生的职业规划教育只有体现出时代性与实践性，才能促进教育对象的全面发展。政府部门应该以社会经济发展形态为依据，时刻关注社会经济发展趋势及各领域技术与产业结构的升级情况，在时效性范围内为社会提供人才[①]。将人才培养与市场需求完美对接，对大学生的职业规划、就业、创业等进行综合性、全局性、实践性的指导，使以社会经济发展形态为教育依据推进的相关工作更具可行性与实效性。与此同时，相关部门应以人才市场为主要形式，完善相应的法律法规，加强对毕业生就业市场的监督调控，为人才市场的规范运作和就业渠道的畅通提供政策上的保障，营造良好的就业环境。[②]

第二节　思想政治教育专业大学生就业现状分析

一、明确思想政治教育专业大学生的就业理念

党的二十大报告强调要实施就业优先战略，"就业是最基本的民生。强化就业优先政策，健全就业促进机制，促进高质量充分就业"[③]。2023年国务院

[①] 乔桂萍：《大学生职业规划教育体系及相关问题分析》，《文教资料》，2021年第8期，第137页。
[②] 鲁璇：《大学生职业规划的价值偏差与完善路径》，《教育现代化》，2018年第5期，第43页。
[③] 习近平：《高举中国特色社会主义伟大旗帜　为全面建设社会主义现代化国家而团结奋斗——在中国共产党第二十次全国代表大会上的报告》，人民出版社，2022年，第47页。

政府工作报告也指出："强化就业优先政策导向。把稳就业作为经济运行在合理区间的关键指标。着力促进市场化社会化就业，加大对企业稳岗扩岗支持力度。……做好高校毕业生、退役军人、农民工等群体就业工作。"①

大学毕业生是就业的主要群体，毕业生就业制度是高校工作的重要板块。每年春季，学校领导、学工干部、辅导员纷纷投入就业工作中，为本校学生拓岗位、谋出路，②将就业列入年度重要工作中。在就业环节中，学校构建《就业状况调研》《毕业生需求调研》的全程调研体系，将毕业生发展成长度、高校对社会贡献度、用人单位满意度等纳入评价指标体系，通过建立毕业生就业台账，明确大学生阶段需求，明确市场变化风向，主动对接用人单位，举办线上线下大型双选会，努力实现人才培养、大学生就业和社会需求的良性互动。③

就业工作是保障和改善民生的重要内容，既关系家庭幸福，也关系国家长远发展和社会和谐稳定，关乎社会健康发展，更关乎国计民生。探究大学生就业形势，分析影响就业质量的因素，提出有效的解决办法，对于服务国家的经济社会发展、建立人力资源强国具有重要意义。

客观来讲，"高校的扩招给大学生日常思想政治教育带来的最直接的挑战就是大学生就业形势越来越严峻，大学生就业难成了一个严峻的社会问题，不仅影响到大学生的思想、学习和心理健康，而且牵涉到千家万户，影响到整个社会的稳定和高等教育的可持续发展。2022年全国普通高校毕业人数已达到1076万，就业形势严峻"④。就大学生个体素质讲，"高校毕业生的其他相关能力包括人文素养、职业素质、获取知识和科学思维的能力等都与市场对人才素质的要求存在一定的差距，严重影响了大学生在人才市场的竞争力"⑤。在此背景下，党中央、国务院鼓励以创业带动就业，促进高校毕业生等青年群体就业创业，积极拓展就业空间。而"高等教育的根本任务是培养国家经济建设和

---

① 李克强：《政府工作报告——2023年3月5日在第十四届全国人民代表大会第一次会议上》，http://www.news.cn/politics/2023lh/2023-03/14/c_1129432017.htm。

② 王培石：《推动高校毕业生工作高质量发展的探索》，《中国高等教育》，2023年第12期，第50页。

③ 莫忧：《善用科学思维方法 促进大学生高质量充分就业》，《中国高等教育》，2024年第12期，第59页。

④ 肖建国、李宏刚、陈权：《新时代高校思想政治教育工作实效与方法研究》，人民出版社，2023年，第81页。

⑤ 肖建国、李宏刚、陈权：《新时代高校思想政治教育工作实效与方法研究》，人民出版社，2023年，第83页。

社会发展所需要的高素质人才，毕业生就业状况是反映高校教育教学质量的一个重要方面"①。从实际情况看，"学校一方面出于完成绩效考核要求的考虑，十分看重毕业生就业率数据，每一所高校都期望能在各项工作评比中获得更多的荣誉。另一方面，考虑到学校长期发展，学生就业工作的效果与学校招生密切相连。高校保障就业质量，为学校争取更好的生源提供了坚实的基础"②。

从就业指导过程来看，高校要引导大学生树立正确的就业观，发挥就业指导课程的作用，不断引导大学生坚定就业意识，提升就业竞争力。

学校要设置专门的就业指导部门，建立就业信息共享平台，运用大数据实现智慧服务；可通过5G技术、物联网技术和大数据平台，为毕业生提供信息共享、精准推送、测评面试等智慧服务。毕业生的就业状况与就业质量也反映了一所高校的社会声誉与一个专业人才培养的基本口径。

二、思想政治教育专业大学生就业结构与质量分析

（一）思想政治教育专业学生就业结构分析

成立于2006年的麦可思（MyCOS）公司是中国高教管理数据与咨询产业的领跑者。麦可思公司统计的2015年度思想政治教育专业就业指标体系（见表4-1），从全国层面反映了该专业就业的基本概况。

表4-1 全国思想政治教育专业就业指标体系

本科主要专业类代码	本科主要专业类名称	本科主要专业代码	本科主要专业名称	毕业后的就业率/%	毕业半年后的平均月收入/元	毕业时掌握的基本工作能力/%	基本工作能力满足度/%	工作与专业相关度/%	毕业即读研和留学的比例/%
0304	政治学类	030404	思想政治教育专业	91.0	3313	56	86	55	17.3

资料来源：麦可思（MyCOS）研究院：《看就业 选专业：报好高考志愿2016年版》，清华大学出版社，第15-16页。

根据相关数据统计，近年来重庆市部分高校的思想政治教育专业就业率均在90%以上，形势较为乐观。以西南政法大学为例，尽管该专业的规模相对

---

① 梅友松：《地方高校人才培养机制改革与实践》，科学技术文献出版社，2015年，第68页。
② 王培石：《推动高校毕业生工作高质量发展的探索》，《中国高等教育》，2023年第12期，第50页。

较小,就业大环境不容乐观等因素给毕业生就业带来了一定的困难,但近年来,在学校就业指导部门的统筹规划下,以及学院党政领导的共同努力下,专职教师与学工人员各司其职,制定了就业工作目标,为学生搭建了就业平台,拓展了就业途径,形成了"全员育人"的良好局面,并构建起全方位、一体化的就业工作格局。这些努力在增强大学生就业竞争力和优化就业结构方面取得了不错的成绩。

西南政法大学思想政治教育专业毕业生近些年就业情况良好。2008年至2012年,毕业生就业率连续五年达到100%,一次性就业率维持在90%左右,在西南政法大学各专业中排名前列。西南政法大学思想政治教育专业学生就业率的具体情况见表4-2。

表4-2　西南政法大学思想政治教育专业2008—2022届学生就业率统计表

毕业年级	毕业生人数	就业人数	就业率
2008届	59	59	100.00%
2009届	59	59	100.00%
2010届	63	63	100.00%
2011届	54	54	100.00%
2012届	52	52	100.00%
2013届	73	71	97.26%
2014届	56	55	98.20%
2015届	53	52	98.10%
2016届	62	61	98.40%
2017届	66	61	92.42%
2018届	60	58	96.66%
2019届	66	58	87.88%
2020届	57	54	95.00%
2021届	50	48	96.00%
2022届	64	58	90.62%

资料来源:西南政法大学本科毕业生历年就业报告(内部刊行)。

从思想政治教育专业毕业生的就业分布来看,毕业生就业面较为广泛。

再看2014至2016年三年的就业数据,思想政治教育本科专业的毕业生就业情况整体良好,截至当年11月30日,2014届、2015届、2016届毕业生中均只有一个学生没有就业,就业率稳定在98%以上。

表4-3 西南政法大学2014年-2106届思想政治教育专业学生就业率一览表

毕业年级	毕业生人数	就业人数	就业率
2014届	56	55	98.2%
2015届	53	52	98.1%
2016届	62	61	98.4%

资料来源：西南政法大学本科毕业生历年就业报告（内部刊行）。

近年来，报考研究生的学生比例稳定在50%左右，且有逐年增加的趋势。由于受当年报考学校难度、学生素质等因素的影响，考研成功率一般在20%左右。2014年思想政治教育专业毕业生升学出国比例高达42.9%，居全校各专业首位，成为大学生就业板块中的一大亮点。

表4-4 西南政法大学2014年-2016届思想政治教育专业学生就业流向分析

分类 \ 毕业年级	2014届 人数	2014届 比例	2015届 人数	2015届 比例	2016届 人数	2016届 比例
就业	28	50.0%	40	75.5%	44	71.0%
升学	24	42.9%	9	17.0%	15	24.2%
灵活就业	3	5.4%	3	5.7%	2	3.2%

资料来源：西南政法大学本科毕业生历年就业报告（内部刊行）。

由表4-4可知，大学生考研多选择"985""211"高校，且选择法学专业较多。从近三年升学情况分布图来看，考上研究生的同学绝大多数选择的是985、211高校，占比均在录取总人数的50%以上，说明我校思想政治教育专业学生的综合竞争力较强；在专业报考方面，选择法学相关专业，特别是法律专业硕士的学生居多。

表4-5 西南政法大学2014—2016届思想政治教育专业学生升学情况分布

比业年级	国内升学 学校类别	国内升学 人数	国内升学 占考研总人数比例	出国 人数	出国 占年级总人数比例
2014届 (56人)	"985""211"高校	14	70.0%	4	7.1%
	本校	4	20.0%		
	其他学校	2	10.0%		

续表

毕业年级	国内升学			出国	
2015 届 (53 人)	"985""211" 高校	5	55.6%	0	0
	本校	3	33.3%		
	其他学校	1	11.1%		
2016 届 (62 人)	"985""211" 高校	8	72.7%	4	6.5%
	本校	2	18.2%		
	其他学校	1	9.1%		

资料来源：西南政法大学本科毕业生历年就业报告（内部刊行）。

西南政法大学思想政治教育专业学生的就业方向多样，以 2012—2013 届思想政治教育专业学生去向为例（见表 4-6），可以看出这种多样性。

表 4-6 西南政法大学 2012—2013 届思想政治教育专业学生去向概览

就业类型	2012 届		2013 届	
	人数	比例	人数	比例
机关	5	9.62%	16	22.54%
事业单位	1	1.92%	1	1.41%
基层项目	4	7.69%	2	2.82%
部队	0	0.00%	3	4.23%
国有企业	6	11.54%	3	4.23%
其它企业	21	40.38%	24	33.80%
升学	13	25.00%	17	23.94%
出国	1	1.92%	0	0.00%
灵活就业	1	1.92%	6	8.45%
自主创业	0	0.00%	0	0.00%
总人数/比例	52	100.00%	71	97.26%

资料来源：西南政法大学本科毕业生历年就业报告（内部刊行）。

（二）思想政治教育专业大学生就业质量分析

思想政治教育专业毕业生就业岗位多样，但总体上来看，毕业生倾向于选择工资更高的工作，这从侧面也反映出毕业生择业倾向由单一、被动向多样、主动转变，择业的意向由偏重政治和社会地位与岗位，向偏重经济收入转变。[①] 思想政治教育专业本科生的就业单位呈现出由政治性、专业性要求较高的高校、行政党委和国有企业，向政治性、专业性要求相对较低的非公企业转移的倾向。[②] 这一倾向可以从西南政法大学2014届至2016届思想政治教育专业学生就业的行业分布中看出（见表4-7）。

表4-7　西南政法大2014—2016届思想政治教育专业学生就业行业分布

届数	机关 人数	机关 比例	事业单位 人数	事业单位 比例	基层项目 人数	基层项目 比例	企业 人数	企业 比例
2014届	9	16.1%	1	1.8%	1	1.8%	17	30.4%
2015届	5	9.4%	1	1.9%	1	1.9%	33	62.3%
2016届	10	16.1%	2	3.3%	0	0	32	51.6%

资料来源：西南政法大学本科毕业生历年就业报告（内部刊行）。

第三节　思想政治教育专业大学生就业趋向

一、思想政治教育专业大学生择业展望

在新时代，党和政府引导高校全面深化就业创业体制机制改革，不断丰富和完善促进就业创业的政策措施，突出创业和就业紧密结合、支持发展新就业形态。思想政治教育专业的就业前景较为可观，与时代发展的方向紧密结合，呈现出以下发展趋势。

（一）教育行业是就业的突破口

教育行业是思想政治教育专业大学生未来就业的重要突破口。据麦可思研

---

① 应金萍：《改革开放以来我国高校就业的阶段特点及经验启示》，《中国高等教育》，2019年第5期，第58页。
② 汤桢子、余双好：《思想政治教育专业发展的新境遇与建设对策——一项基于武汉大学和部分高校思想政治教育专业就业状况的研究》，《思想教育研究》，2019年第5期，第28页。

究，2016届本科毕业生社会需求量（就业比例）增加最多的职业类为"中小学教育"，就业比例为8.7%。麦可思结合2012届至2016届大学生就业数据发现，大学生毕业半年后从事"幼儿与学前教育"职业类的比例连续5年增长，本科从2012年的0.6%上升到2016年的1.4%。而且，在幼教从业毕业生中超过九成是女性。根据调查情况来看，学生也愿意到教育行业就业。

（二）法治教育岗位大有可为

法治教育方向是政法行业型高校区别于其他高校的特点，培养既懂思想政治教育规律又懂法律的复合型人才是行业型院校的核心竞争力所在。2016年，为全面贯彻落实党的十八大精神，推动法治教育纳入国民教育体系，提高法治教育的系统化、科学化水平，教育部、司法部、全国普法办联合制定了《青少年法治教育大纲》，规定要大力加强法治教育师资队伍建设，逐步建设高水平的法治教育教师队伍。通过多种途径，保证每所中小学至少有1名受过专业培养或者经过专门培训，可以胜任法治教育任务的教师。西南政法大学思想政治教育专业的大学生应依托学校丰富的法学教育资源，加强法律知识的学习，并有意识地考取中学政治教师资格证等教育行业所需的证书，锻炼提高从事青少年法治教育所需的综合能力，以及提高就业竞争力。

（三）民营企业将成未来就业主渠道

培养大学生的奋斗精神、斗争精神，增强大学生做中国人的志气、骨气和底气，是时代的诉求。无论是追求美好生活还是实现人生梦想，对于广大青年朋友来说，都要在不懈奋斗中找到人生真谛、生命价值和事业方向，在做好每一件小事、完成每一项任务、履行每一项职责中磨炼意志、增长才干、练就本领。特别是面对当今时代不断加快的知识更新速度和层出不穷的新模式、新业态，广大青年要善于学习、敢于探究，使自己的思维视野、思想观念和认识水平跟上现实的发展，勇做时代的弄潮儿。①

近年来国家相关部门为了实现保就业、稳就业的目标，致力于激活经营主体以带动就业，特别聚焦于中小微企业。通过财政支持、金融扶持、岗位补贴等政策组合工具，促进中小微企业和个体工商户的健康发展，从而扩大就业容量。各地政府建立健全了与中小微企业和个体户定期交流沟通的制度和渠道，有针对性地解决企业面临的困难，提高政策的针对性和有效性，继续实施有效

---

① 刘志远：《以更有力的支持托举青年人才》，《光明日报》，2023年3月3日第7版。

的减税降费、岗位补贴、企业所得税优惠等措施，进一步激发企业活力。[①]

据麦可思调查数据，从雇主类型来看，2016届本科毕业生毕业半年后在民营企业的就业比例已超过半数，从2011届的46%上升至2016届的53%。这一趋势伴随着国企与外企对毕业生需求的减少，其中在国有企业的就业比例从2011届的25%下降至2016届的22%，在中外合资/外资/独资企业的就业比例从2011届的16%下降至2016届的8%。这些变化反映出国企正在经历新一轮的产能调整，外资企业也受到劳动力成本上升等因素的影响，而民营企业的灵活性展现了其对毕业生就业支撑的重要作用。

同时，中小微企业更具活力，吸纳了更多毕业生。根据麦可思数据，2011—2015届本科毕业生在3000人以上大型企业就业的比例从2011届的29%下降至2015届的25%，在300人以下的中小微企业就业的比例从2011届的42%上升至2015届的50%。这反映出中小微企业在过去吸纳了更多的大学毕业生。了解中小微民企对毕业生的需求，帮助毕业生在走上职场后能适应更复杂、更灵活的工作环境，为数百个中小城市以及成千上万的中小微民企释放产能提供必要的人才储备。

二、思想政治教育专业大学生考研趋向分析

党的二十大报告将教育、科技、人才进行统筹安排、一体部署，要求加快建设教育强国的步伐，培养更多的拔尖创新型人才。这些人才是国家核心竞争力的基础性、核心性、战略性资源，也是实现全面建成社会主义现代化强国和第二个百年奋斗目标的关键。为此，加强研究生教育可以为我国推进中国式现代化提供人才和智力支撑。随着新一轮科技革命和产业变革深入发展，国际力量对比深刻调整，我国发展面临新的战略机遇。随着经济增长模式的转变和产业结构的优化升级，对加快发展新质生产力提出了更高要求，不同领域对高素质、高技能专业型人才的需求日益增长，对行业领域原始技术创新和攻关关键核心技术人才的需求比以往更为迫切。[②] 为此，加快培养更高层次的研究型专门人才，支撑我国高质量发展的追求，成为必然。

中央出台的《关于新时代加强和改进思想政治工作的意见》强调："加强

[①] 赵忠：《提高经济增长的就业带动力》，《光明日报》，2023年3月6日第13版。
[②] 武贵龙：《探索行业特色型高校思想政治工作高质量发展新范式》，《中国高等教育》，2024年第7期，第37页。

学校思想政治工作,加快构建学校思想政治工作体系,实施时代新人培育工程,完善青少年理想信念教育齐抓共管机制,培养德智体美劳全面发展的社会主义建设者和接班人。"①思想政治工作是党的优良传统、鲜明特色和突出的政治优势,是一切工作的生命线。加强和改进思想政治工作,事关党的前途命运,事关国家的长治久安,事关民族的凝聚力和向心力。②

从思想政治教育专业对应研究生学位授权点的关系来看,自2005年12月国务院学位委员会下发《关于调整增设马克思主义理论一级学科及所属二级学科的通知》后,③思想政治教育成为马克思主义理论一级学科下设的二级学科,相应地,思想政治教育专业成为马克思主义理论类本科专业,其服务于马克思主义理论类人才培养的功能更加明确。同时,对思想政治教育专业研究生层次的需求也变得更加迫切。2006年后,思想政治教育专业学生攻读研究生的比例日益提升,思想政治教育专业毕业生作为马克思主义理论学科后备人才培养的功能日益凸显。

从国家教育政策的指引来看,培养更多高层次人才是高等教育的目标方向。中国特色社会主义进入新时代,党中央提出教育、科技、人才三者共同服务于中国式现代化的战略思路,明确了高层次人才是主体性支撑,并应实施人才引领驱动策略。高校要服从研究生教育的逻辑和规律,适应经济社会高质量发展的迫切需求。从全球研究生教育发展的历程来看,研究生教育规模的适度扩大是满足人民群众接受更高层次教育需求的必要举措,也是社会现代化的必然结果。

从用人单位的角度来讲,随着高校扩大招生规模,加大对高端人才培养的力度,全国高校硕士研究生毕业人数不断增加,硕士研究生在应聘对口岗位时更具有竞争力。因此,一些具有吸引力的用人单位提高了就业门槛,部分岗位的招聘条件要求应聘者具有硕士研究生学历(学位)。以思想政治教育专业为例,大多数地市级党校与省属高职院校的思政教师岗位已明确要求招聘该专业的硕士研究生。从大学生个人层面来说,大学生应淡化功利主义思想,避免"实用论"等思想的影响,应开拓思维,放眼于长远,树立大局意识。要紧跟

---

① 《中共中央 国务院印发〈关于新时代加强和改进思想政治工作的意见〉》,https://www.gov.cn/zhengce/2021-07/12/content_5624392.htm.

② 孙楚航:《着力推动思想政治工作贯通人才培养体系》,https://epaper.gmw.cn/gmrb/html/2023-02/14/nw.D110000gmrb_20230214_2-06.htm.

③ 《关于调整增设马克思主义理论一级学科及所属二级学科的通知》,http://www.moe.gov.cn/srcsite/A22/moe_833/200512/t20051223_82753.html.

社会对高层次人才需求增加的步伐，积极准备考研，努力成长为时代新人。

从能力提升层面来讲，高校要重视大学生科研创新素养的培养。一方面，高校应在教学环节中加强学生马克思主义基础理论学习，夯实其理论基础，使大学生形成完整的知识结构体系。另一方面，要推动大学生投入科研学术发展。例如，学业导师可以围绕当前的学术前沿问题，以命题作文的形式要求学生撰写理论文章；同时加强过程指导，从拟定题目、经典著作精选、选题论证、开题报告到初稿修改，每个环节都给予精心指导。总之，在教师的精心指导下，大学生应完成一篇较高水准的专题文章，为攻读硕士研究生奠定坚实的学习基础。

西南政法大学思想政治教育专业毕业生历年的考研率较高。例如，2014年，本专业大学生考研成功率达到35.7%，位居全校首位，其中，考取"211""985"高校研究生的学生有12人，占被录取总人数的21.4%。2016年，在62名毕业生中，有15人考取研究生，成功率为24.2%；其中考取"985""211"高校的比例达到了53.3%。2017年，在66名毕业生中，有17人考取研究生，成功率为26.2%；其中考取"985""211"高校的比例达到35.3%。考研的高成功率是西南政法大学推进思想政治教育专业高质量发展的最好例证，也有助于提高毕业生就业竞争力，更好地服务社会发展。

另外，从思想政治教育专业毕业生考研专业选择来看，超过一半的大学生选择跨专业考研并成功考取法学一级学科硕士点。这在一定程度上反映了本专业的特色办学方向（法制教育）在人才培养实践中的可行性和正确性。

为了提高就业竞争力，获得更好的就业机会、薪酬待遇与职业发展前景；或者为了追逐兴趣和理想，调整专业，越来越多的大学生选择了考研。为了了解2018年在校大学生的考研情况，中国教育在线联合"大学生"微信公众号进行了一期《2018年大学生考研意愿调查》，调查结果显示，75.3%的大学生有较为明确的考研意向，20.2%的大学生还在考虑。[①]

对西南政法大学2018届思想政治教育专业学生的调查显示，有58.3%的学生有考研意愿（见表4-8）。结合前几年情况来看，虽然该专业考研成功率保持在20%以上，但仍需引导学生考研，适应社会发展需要，提高考研成功率。

---

① 《2018考研调查：七成以上的在校大学生有明确的考研意愿》，https://www.eol.cn/html/ky/data1/2.html。

表 4-8　西南政法大学 2018 届思想政治教育专业毕业生考研意向统计

类别	人数	比例
总人数	60	—
拟考研人数	35	58.3%
报考"985""211"高校人数	15	42.9%
报考西南政法大学人数	19	54.3%
报考法学专业人数	23	65.7%
报考思想政治教育专业人数	9	25.7%

三、提升思想政治教育专业大学生就业竞争力的具体举措

（一）重视大学生精准就业服务工作

2015 年《教育部关于做好 2016 届全国普通高等学校毕业生就业创业工作的通知》，对各地高校提出了建立精准推送就业服务机制的工作要求。西南政法大学高度重视精准就业服务工作，积极按照教育部的相关要求，立足实际，建立了大学生就业精准服务工作机制。

西南政法大学在学工部内设就业指导中心，从精准分类、精准指导、精准对接、精准宣传、精准帮扶等方面负责大学生精准就业服务工作。做好就业服务工作的举措包括：积极开展岗位供需对接活动，充分发挥行业协会和主管部门的作用，主动邀请企业进校园，开展有针对性的招聘活动，提高就业服务平台的专业化、智能化和便利化水平，为条件成熟、有创业意向的大学生提供指导和服务，做好就业困难大学生的帮扶工作。[①]

高校辅导员具有教师和干部的双重身份，是开展大学生思想政治教育的骨干力量。辅导员队伍是做好大学生精准就业服务工作的直接引路人。辅导员可分阶段展开就业服务工作，如在大学一年级学生职业迷茫期当好向导，大学二年级学生职业探索期做好引导，在大学生三年级职业规划期精准指导，以打造大学生适应社会和职业需要的核心竞争力为焦点，以培养大学生创新能力和创

---

① 何学军：《加强内涵建设 促进高职教育高质量发展》，《中国高等教育》，2023 年第 15 期，第 76 页。

业精神为目标，分阶段开展大学生就业精准服务工作。① 另外，高校辅导员也要了解用人单位的需求和招聘条件，及时把就业信息推送给有需要的毕业生，并根据学生的求职意向、个性特征、知识能力素养等具体情况，积极做好有针对性的就业推荐，实现最佳匹配。

（二）突出就业教育与学风建设

就业教育与学风建设是高校学生培养过程中的两项重要工作。就业是高校教育的输出目标，而学风则是高校的立身之本。优良的学风是提升毕业生质量和高校办学水平的重要保障。因此，从教师的角度来讲，需要加强大学生的职业规划与就业创业指导；从大学生的角度来讲，随着我国高等教育教学质量的不断提升和学科建设的持续推进，全面发展型、专业复合型、学术创新型人才成为高校培养的方向，这使得高校在大学生培养方案中对课业数量和质量的要求逐步增加。

但在实际过程中，不少大学生趋于上课"躺平""划水"，其学习能力趋于下降。另外，不少用人单位客观上要求大学生的专业方向与岗位吻合、实习经历对口，并具有较强的实践参与能力。特别是受到大学生"海投"简历的影响，用人单位被迫面对更多的简历数量，获取有效简历的难度增加，因此更进一步依靠教育背景和实习经历这两项简单的指标进行筛选。②

西南政法大学思想政治教育专业为加强师生间的联系与互动，促进大学生个性化培养，从专业教师中择优选任一批学业导师。相对于年级辅导员侧重解决学生日常思想政治教育事务，每名学业导师负责指导 5~7 名学生，侧重于解决学生如何有效了解专业前沿知识、如何提升论文写作水平、如何做好职业规划、如何培育学生的创新思维等问题。总之，学业导师和年级辅导员分工协作、合力育人，既加强大学生就业能力的指导，又各尽其能向大学生提供必要的就业信息。另外，在学院党委、行政及思政专业教学团队的共同努力下，积极营造浓厚的学术氛围，引导大学生明确人生发展方向，积极关注时代的发展，选择适合自己的职业。该专业学生积极进取，学风良好，成效显著。

（三）积极探索双创教育

党的十八大以来，在创新驱动发展战略的强力推动下，国务院办公厅、教

---

① 张静：《"慢就业"形势下大学生就业精准服务研究》，知识产权出版社，2022年，第22页。
② 王培石：《推动高校毕业生工作高质量发展的探索》，《中国高等教育》，2023年第12期，第52页。

育部、人力资源和社会保障部等部委（机构）相继出台了一批支持高校开展创新创业教育的政策性文件。

2012年，教育部办公厅印发了《普通本科学校创业教育教学基本要求（试行）》，明确规定在普通高等学校开展创业教育。

2014年，人力资源和社会保障部等部门共同实施了"大学生创业引领计划"，要求进一步普及创业教育、加强创业培训。

2015年，《国务院办公厅关于深化高等学校创新创业教育改革的实施意见》提出了完善人才培养质量标准、创新人才培养机制、健全创新创业教育课程体系、改革教学方法和考核方式、强化创新创业实践、改革教学和学籍管理制度、加强教师创新创业教育教学能力建设、改进大学生创业指导服务、完善创新创业资金支持和政策保障体系等任务和措施。①

2017年党的十九大报告提出要大规模开展职业技能培训，注重解决结构性就业矛盾，鼓励创业带动就业。提供全方位公共就业服务，促进高校毕业生等青年群体、农民工多渠道就业创业。

2021年，国务院办公厅印发的《国务院办公厅关于进一步支持大学生创新创业的指导意见》，指出大学生是大众创业万众创新的生力军，支持大学生创新创业具有重要意义。通过政策传递，创新创业教育被赋予承载建设创新型国家和人力资源强国、转变经济发展方式、提高人才培养质量和促进青年大学生充分就业等多重职能与使命，整个社会日益形成"大众创业、万众创新"的新浪潮。②

2022年，党的二十大报告则强调，要完善促进创业带动就业的保障制度，支持和规范法治新就业形态。

2023年国务院政府工作报告也提及了，持续推进大众创业万众创新，连续举办8届全国双创活动周、超过5.2亿人次参与，鼓励以创业带动就业，加强劳动者权益保护，新就业形态和灵活就业成为就业增收的重要渠道。③

重庆市人民政府颁布的《重庆市教育事业发展"十四五"规划（2021—2025年)》则要求着力提高创新创业教育和就业质量。持续深入开展创新创业

---

① 《国务院办公厅关于深化高等学校创新创业教育改革的实施意见》，https://www.gov.cn/xinwen/2015－05/13/content_2861327.htm。
② 《国务院办公厅关于进一步支持大学生创新创业的指导意见》，https://www.gov.cn/zhengce/content/2021－10/12/content_5642037.htm。
③ 《李克强作政府工作报告（文字摘要）》，https://www.gov.cn/xinwen/2023－03/05/content_5744736.htm。

教育，着力构建党委统筹部署、政府扎实推动、高校着力实施、社会广泛参与的创新育人协同体系。推动创新创业学院建设，优化完善创新创业课程体系。强化创新创业实践，整合校内外实践资源，加强大学生创新创业与社会需求对接，建好创客空间和孵化基地，激发学生创新潜能，增强创业就业能力。加快搭建大学生科学实践和创新创业平台，支撑引领创新创业人才培养。[①]

创新创业教育在本质上是启人心智、促进人的全面发展的综合素质教育，它是以培育和发掘大学生的创新意识，塑造大学生的创新能力为核心任务的教育形式。其重要目标之一是引导和帮助大学生更好地实现就业创业，这与大学生的核心成长诉求相契合，并可以有效破解制约大学生全面成长发展的有关问题，包括大学生渴望学习就业创业知识技能、更好地了解和融入社会、磨砺意志品格、追求成功实现价值等。[②]

在人才培养机制上，创新创业教育理念首先要回归"创新"这一本源，摒弃过往功利性的"就业式创业"导向，真正致力于对学生创新素质的培养和创新创业能力的开发。只有这样，高校的创新创业教育，才能真正培养出满足国家需要、适应时代发展的创新人才。[③]

在西南政法大学思想政治教育专业的建设过程中，教学团队在传授一般知识和价值引领的同时，也积极开展创新创业教育，将创新创业能力培养与精神塑造的要求纳入人才培养体系，培养出了一批理论功底扎实、实践能力出色的优秀学子。

（四）夯实实践教学基石

大学生实习实训是大学生成长成才的重要学习环节。思想政治教育专业具有社会服务属性，主要体现在通过与时俱进的思想政治观念来服务，以抽象的知识生产来促进社会公共事务的有效治理。马克思主义理论类教学质量国家标准明确了实践课程的设置要求。换言之，思想政治教育的学科建设本身就是一个不断促进理论和实践辩证统一的动态过程，需要更加重视理论与实践的紧密结合和协同发展，及时关注社会现实情况，解决好重大社会实践问题，这也是

---

① 《重庆市教育事业发展"十四五"规划（2021—2025 年）》，https://www.cq.gov.cn/zwgk/zfxxgkml/szfwj/qtgw/202111/W020230224394941489387.pdf。

② 洪晓畅、毛玲朋：《创新创业教育的思想政治教育功能研究》，《思想教育研究》，2022 年第 5 期，第 157 页。

③ 杨立英：《新文科视域下创新创业人才培养机制构建》，《中国高等教育》，2023 年第 3 期，第 67~68 页。

思想政治教育学科功能发挥的着力点。[①] 这就要求学校引导大学生积极参与社会实践活动，不断提升就业适应能力。从强化实践教学的必要性来讲，党的十八大以来，中国特色社会主义进入了新时代。一方面，继全面建成小康社会之后，中国式现代化开辟了人类实现现代化的新道路；另一方面，当今世界各国在政治、经济、文化、科技等方面发展迅猛，国际竞争更趋激烈。在中国特色现代化的新征程中，必须依靠创新，特别是科技创新和人才创新。培养一大批具有创新精神与实践创造能力的高素质人才，是新时代我国高等教育的重要任务。

为夯实实践教学的基石，高校等相关机构可以从以下方面入手，提升大学生的社会实践参与度。

1. 扩大学生参与社会实践的广泛性

大学生的社会实践活动应该与志愿服务、勤工助学、教学实习、挂职锻炼、社区共建等各类课外活动和社会活动有机地结合起来，树立广义实践的意识，使社会实践活动日常化，思想政治教育常态化。为增强大学生的实践意识，一方面，教师要承担指导职能，如指导大学生参加"暑期三下乡育人活动"、大学生"青马工程"、"大学生挑战杯创业计划竞赛"等社会实践活动，特别是在涉及征文与调研报告的撰写技巧、科研课题申报书的撰写、实践活动方案的制定等方面，需要教师与学生进行深度沟通与切实指导；另一方面，教师要以理论教育、榜样示范等方式，增强大学生的实践意识，推动其参与实践活动的主动性、积极性和创造性。

2. 强化管理机制，促进社会实践组织的规范性

高校要建立相应的领导机构，强化对实践育人的管理。高校应成立由学校党委领导的实践育人领导小组，由高校校级领导担任小组组长，负责实践育人工作的总体规划，系统设计实践育人教育教学体系，统筹管理实践育人各项工作，明确相关部门的权责关系，提高工作的针对性和有效性。学校二级学院、宣传部、教务处、财务处、科研处、图书馆等相关职能部门各负其责、相互配合，落实实践教学、人才培养、科研立项、经费保障等各方面政策和措施。

高校要建立大学生社会实践的有关制度。这些制度应涉及对大学生社会实践教育的要求、实施、保障、评估等方面的内容，抓机制优化，将实践育人体

[①] 程开华：《高校思想政治教育学科社会服务论析》，《学校党建与思想教育》，2022年第17期，第22页。

系建设作为重点，明确实践育人的工作任务，逐步形成马克思主义学院党委、行政统一领导、马克思主义理论学科队伍全员协同参与的运行机制；聘请部分具有丰富实践经验的实务工作专家为学科兼职硕士生导师，或开设金开名家论坛等形式，不断充实实践育人队伍。

高校要重视社会实践基地建设。整合属地实践资源，依托大学科技园、城市社区、农村乡镇示范基地、工矿企业、国防教育基地、革命历史博物馆等场所，建设相对稳固的社会实践基地，建立学生校外创业示范基地、创业实习基地等。

3. 丰富社会实践的内容和方式

社会实践活动要遵循高校学生成长和成才的特点和规律，积极探索和构建社会实践与专业学习、服务社会、创新创业相结合的社会实践内容。高校应组织各种课外研究或兴趣小组、社团活动、人文专题讲座、大学生科研训练项目、大学生创新创业训练计划项目、各种课外活动等，倡导和支持学生参加生产劳动、参观访问、志愿服务、公益活动和勤工助学；举办各类创新创意设计、创业计划等专题竞赛；围绕重要节庆日等，开展特色鲜明的实践活动。

西南政法大学强化思想引领，着力打造实践育人工作品牌；加大理论宣讲，组织校内外专家、思想政治课教师、辅导员与党政管理干部对学生开展系统培训，实现学生"双向启发式"理论学习与教育。党的十九大召开后，学校成立了习近平新时代中国特色社会主义思想大学生讲习所，走进党委中心组学习会、工程项目部、街道社区、乡村等，开展马克思主义理论宣讲活动，受到了多家媒体的广泛关注。

社会实践可以锻炼大学生的能力，培养大学生的品格。大学生从书本上学到的知识，有待于在实践中加深理解，同时，他们在实践中还可以学到很多从书本上学不到的丰富、生动、鲜活的知识。社会实践促使大学生增长才干。[①]

---

① 肖建国、李宏刚、陈权：《新时代高校思想政治教育工作实效与方法研究》，人民出版社，2023年，第284页。

附 录

思想政治教育专业就业（考研）案例展示
——以西南政法大学部分毕业生为例

本部分附西南政法大学思想政治教育专业学生就业（考研）案例，分享历届优秀学生的就业（考研）概况。

【案例一】

思想政治教育专业2002级A同学就业经验分享
就职单位：某市公安局

收到学校征稿的通知后，我感到非常欣喜，此举对于在校大学生来讲绝对是一件振奋人心的好事，无论是帮助大学生学习还是指导就业都有很大的意义，有成功的经验介绍，有失败的前车之鉴，师弟师妹们可以"鉴前世之兴衰，考当今之得失"。但同时，自己又感到受宠若惊、无地自容，担心没有什么好的经验拿出来与大家分享，担心帮不到大家，苦思冥想后也只有自己学习、工作的一些经历和体会，虽谈不上成功，但是经历曲折，希望大家读后不要失望。

如果你现在正为专业纠结，如果你现在正为找工作纠结，如果你现在正为工作后的事情纠结，那么就请耐下心来看完这篇学习、工作心得体会吧，也许你会从中得到些许精神方面的力量。毕竟社会的现实告诉的真理，永远比教化的哲学更让人刻骨。

我出生在河南省焦作市一个普通得不能再普通的农民家庭。翻阅族谱，祖辈上似乎全是农民，从未有谁离开过这片被耕了不知道多少辈的黄土地。似乎不太相信宿命，我决心走出这里，去看看外面的世界，但是这条路艰辛、曲折、磨难重重，一路走来有付出，也有回报，有辛酸，也有甘甜。

一、知识改变命运

农村的孩子似乎生下来只有两条路可走，要么继承"祖业"，继续做农民，要么通过勤奋学习考大学、找工作走出去，但是走出去的毕竟是少数。即使考上了大学，找到了工作，这样的大学生在工作岗位上也是要付出比别人更多的努力和艰辛。

由于我儿时贪玩，不求上进，致使小学、初中学业荒废。当身边的同学准备进入高中学习时，我才认识到命运的差距即将因此而产生。顿悟似乎来得晚些。但我不想就因此落后，于是就萌生了上高中的念头。母亲对我的想法非常支持，但是凭我中考考试分数，离县里最差的高中录取线都还差一百多分。母亲坚定地对我说："只要你想学习，妈就是去要饭也要供你上学。"我听后泪流满面，很肯定地向她表达我想继续上学的决心。

母亲骑着自行车带着我从村里到县一中不知道跑了多少趟，求了多少人，最后向学校交了6000元不知叫作什么的钱，我终于取得了上高中的资格。看着母亲用颤抖的手数着由5元、2元、1元、5角……组成的厚厚一叠钱，一阵心酸由心窝涌入鼻子、充斥大脑，那可是妈妈靠辛辛苦苦种地攒下来的血汗钱呢。那一幕我一辈子都忘不了。

开学后，班里开始排座位了，我被安排到教室最后一排的一个角落。原因很简单，当时一个班有72位同学，我的入学成绩排在第68名，同时班里还有5名体育生。为了那一叠血汗钱，为了不让母亲失望，为了走出去，我开始拼命学习，像阿甘一样傻傻地奔跑在人生的路上。上天还算公平，在三年后的高考中，我以超过重点线近30分的成绩考上了西南政法大学，整个高三年级1000多人，我考了前30名。

二、性格决定人生

我的父母曾经都是班上的优等生，成绩突出，但由于种种原因没能上成大学，于是就将自己没能实现的愿望寄托在了我的身上。

事实证明我也没有让他们失望，几乎以最差的成绩进高中，又几乎以整个高中最好的成绩考上大学；以最差的成绩进大学，最先找到了好工作；工作后分配单位最差，但是个人发展最好。

人的性格有多种。性格与个人的生活、工作息息相关，好的性格能帮助你积极进取、坚忍不拔，不好的性格会使人陷入窘境、消极应对。每个人都要有意识地培养自己良好的积极向上的性格，遇事不消极，遇到困难不退缩。

当大学开学的时候，很多同学都在抱怨专业不好。我认为其实大可不必，在我看来没有最好的学校，也没有最好的专业，只有最好的学生，如果在大学四年期间能够好好把握自己，那么找到一份好工作就不是一件很难的事情了。就我自身而言，大学四年期间我并没有像一些同学那样每天玩游戏，上网打发时间，而是在学好专业课的基础上还专门学习了公文写作。四年下来，我获得了三次奖学金，并且具备了一定的公文写作水平，正是这些积累和努力使我在某市公安局的面试中从20几位同学中脱颖而出，成功被录用为公务员。当然，考公务员还要特别注意复习环节，无论是我本人还是身边的一些同学，凡能考上的无不经历了长期、认真的复习。如果有意报考公务员的话，建议大家要提前谋划，有条件的话最好与身边考上公务员的师兄师姐多多交流。

参加工作后，也正是这种韧劲，使我克服了种种困难。起初我被分到了一个派出所工作，半年里我几乎将所有时间都花在工作上。工作期间，我帮助该派出所成功创建了"省级青年文明号"。

由于工作突出，我被调往分局办公室担任局长秘书，主要负责文秘和宣传工作。在办公室工作的三年间，我共拟、发文80余份，编写了《公安简报》126期、有参考价值的信息62条，编报了120余篇综合信息。在中央、省级、市级媒体发表公安宣传类稿件67篇，完成领导讲话稿、工作汇报材料、优秀民警、部门事迹材料80余份，为省级先进工作者撰写事迹材料6份。

好的性格还为我带来意想不到的收获。在单位，同事们很喜欢请我帮忙，原因是我很乐意帮助他们，来者不拒。结果我在单位有了很好的人缘，无论是年终评优评先还是民主测评，我的分数都稳居榜首，这也可以说是大家对我的肯定。

庭院里跑不出千里马，花盆里长不出万年松，不经历风雨就难见彩虹。每束鲜花背后都会有数不尽的辛酸，每个掌声后面都有忘不了的苦难。

挫折在人生的长河中是难以避免的，面对挫折，我们不能害怕，不能气馁，要坚强面对，多克服一个挫折，那么你就离成功更近一步。进入高中后落后的成绩，进入大学后不占优势的专业，进入工作岗位后较差的工作环境，这些恰恰是我奋发改变现状的动力，克服它们，让人生不断变得精彩。每次克服挫折后，我就会有种很强烈的成就感，回头看看，挫折只不过是只纸老虎。

最后送各位师弟师妹一句话："有韧性、不气馁，有追求、不强求。"希望大家都能够有个美好的未来，成为对社会有用的人。

【案例二】

思想政治教育专业2006级B同学就业经验分享
就职单位：某区人力资源和社会保障局

突然接到老师要求写写自己毕业后求职和工作情况的任务，第一感觉是不大能胜任，但是乍一想，这也是学校对即将毕业的学弟学妹们的殷切关怀，所以还是想尽力将就业后自己的经历及所思所想与各位交流学习。同时，我也很感谢老师对我的信任，感谢学校给了我这个已经毕业六年的游子一个驻足思考的机会。

首先介绍一下我的基本情况。我是思想政治教育专业2006级毕业生，现任某区人力资源和社会保障局公务员管理科科员，曾先后就职于某电器股份有限公司、某公安局分局、某区综合行政执法局和人力资源和社会保障局。关于大学毕业生就业，想对学弟学妹们说一句：摆正心态，怀揣梦想，以干圆梦。

一、我的销售人生

在大四这个分水岭，大学应届毕业生该何去何从？一般来说有三种选择：一是考研，追求更高的学术境界；二是就业，将理论付诸实践；三是无所适从。我也曾是考研大军的一员，不过是牺牲了的一员。在考研失利的情况下，我毅然投入了就业的大军。大家应该都知道，考研成绩公布后再开始寻求就业机会，已经很不占先机了，很多人都劝我复习一年继续考，但是我当时的目标很明确：必须尽快融入社会。于是我主动出击，做简历、投简历、参加面试，在获得了三家企业的offer后，我没有犹豫是眼前的机会好还是后面会有更好的，做好了不后悔的准备之后，我毅然选择了实力最强的民营企业——某电器股份有限公司。

为什么会选择这家公司？因为它有能力支付我作为新手的培训时间和金钱，也有能力承受新手因不熟悉业务而给公司带来的损失，但是对绝大部分小公司来说，它们根本就不愿意或者说无法承受这些。同时，正规的大企业的组织架构和管理体系都比较完善，管理往往比较规范，这些经历对于我今后不论是自主创业还是择业，都是一笔不小的财富。后来的事实也证明我这种想法是对的。

作为一个民营企业的管理培训生，企业一定会千方百计地"培养"你。三伏天里跟着空调安装师傅在外做了一周的安装工作，磨破了我四年都没有穿坏的牛仔裤。之后我被分配到基层门店从事销售和管理工作，在三个月后可以独立管理一个电器品类销售的时候，我被选派到了某大区连锁店运营中心，负责大区所有门店的销售跟进和门店运营工作。

都说销售能给人以刻骨铭心的经历，没有销售经历的人生是不完整的。是啊，当自己走出校门，由一个腼腆且对销售一无所知的"菜鸟"磨炼成一个能自信和客户沟通，指导培训新员工，面对面和对手竞争的销售人，我从中感悟到了太多值得回味的东西。我很庆幸自己的选择，在这家电器公司的工作已是我人生中一段值得记忆的经历和谁也拿不走的"人生资产"。

二、我的派遣员工人生

考虑到未来的发展，我加入了"考公"的大军。我辞去了前景不错的销售管理工作，选择了一份能有时间复习也能有钱养活自己的曲线救国之路——劳务派遣员工。很幸运的是，我被派遣到了某公安局分局工作。说是劳务派遣，其实我们和民警干的是一样的工作。由于自己从小都有从警梦，于是坚定着维护正义、保卫人民的信念，想着周总理"国家安危，公安系于一半"的话语，我正式上岗了。我去的是全区辖区最热闹、流动人口最多的一个基层派出所，全所一天的接警量相当于其他派出所一周甚至半个月的接警量，因此派遣生活无比充实。

基层派出所的工作主要是群众工作，可以锻炼人察言观色和待人接物的能力，可以磨炼人的耐心和提高人的修养，工作中会面对不同年龄阶段、不同文化层次、不同性格特征的各类人群。当我为辖区的群众答疑解惑，想办法用他们的语言跟他们交流时，总会感到特别温暖；当我看到一些被盗被骗的报案人焦急的神情，感觉自己能够为他们做一点什么，心中就会有一丝欣慰；当我与违法犯罪嫌疑人斗智斗勇，最终协助民警将其绳之以法，成就感油然而生。这些就是我在工作中体会到的最简单的快乐和成就，它们总能够唤起我对工作的热情。

选择了一种职业，便选择了一种生活方式；选择了公安，便是选择了奉献。近一年的工作经历，让我对警察这个职业有了更深的认识，也为自己曾做过半个警察人而骄傲。公安民警正是一份需要用理想信念和拼搏精神支撑的职业，是一种默默奉献、不计得失、无时无刻为民服务的生活方式。在我的周围，随处可见夜以继日、默默奉献的同事。可是选择了这一职业，注定了你不能享受安逸。态度决定一切，一种职业的责任感和对事业高度的忠诚一旦养成，会让你成为一个值得人民群众信赖的人。

三、我的城管人生

2012年，我如愿以偿地进入了公务员队伍，由于招考条件和地域的限制，我进了综合行政执法局，其实就是俗称的"城管局"。城市管理工作仅仅是40余项行政执法职能里的一项。目前，我国的城市建设和发展呈现出迅猛发展的良好态势，城乡一体化，城市现代化，布局组团化，多位一体的现代化都市圈在逐渐形成。作为紧随城市建设孕育而生，肩负着城市管理、城建监察、行政执法于一体的城市管理队伍，经过多年的发展完善，也逐渐走向成熟壮大，越来越成为政府维护城市市容环境，美化城市市容面貌，规范城市秩序的一支不可或缺的队伍。

说实话，从学校的大门走出来到现在，我还真没想到将来有一天我会成为一名城管队员，从不懂、不了解到慢慢走近、慢慢熟悉，直到融入其中，我深深理解了"伤了谁，痛了谁；福了谁，乐了谁。只有谁清楚"这句话。我清楚自己肩负的责任，开始为自己的这身制服、这份职业而自豪。每天清晨，我们是最早上班的人群；烈日下，我们汗流浃背，身上的制服湿了又干、干了又湿；夜幕降临，我们穿梭在街头，目送匆匆回家的人们；夜晚，我们加班到夜静人疏，孤单的身影伴着清冷的路灯……这就是我们城管人的一天，起早贪黑，忙忙碌碌。

走近城管，我看到了城管人最真实的一面。在街道边，我看到城管队员教育和帮助做小生意的商贩；在下班的路上，我看见因遇到违章案件和群众投诉而再次返回办公的车辆；在我们的执法队员身上，我看到因遭遇暴力抗法而留下的伤痕……为实现构建和谐社会的使命，为了我们的城市更加靓丽，为了我们头上的国徽，我们的队员做到了打不还手、骂不还口，我们忍常人不能忍、为常人所不为，吃着苦受着委屈，但我们仍能看到每一个清晨、每一个夜晚，在这个城市的街头巷尾，那一群孜孜不倦的绿色身影。在工作中，几乎每一位城管队员都遭遇过执法对象的辱骂，我也亲身经历过违章商贩指着鼻子破口大骂，甚至是恶毒的诅咒，但是我一直保持着城管人那坚韧不拔、努力拼搏的精神，依然喜欢那一身浸染着城管人使命、责任、荣誉和艰辛的制服。

四、我的机关人生

两年后，我被调到了某区人力资源和社会保障局工作。机关工作是令人羡慕的，因为收入稳定，福利好，很多人都梦寐以求想加入这支队伍，然而，近几年公务员的工作任务逐渐繁重。

来到公务员管理科后，我有种痛并快乐着的感觉。由于工作量大、工作标准高、时间紧，加班是家常便饭，深夜里，常常是孤灯一盏。但快乐并没有远离，每次完成工作后的欣慰、个人能力素质的提高，都为下一步的工作积蓄了更大的动力。有挑战才会有成功，有挫折才会有成熟，阳光总在风雨后，乌云上面是晴空。

其实想一想，人生就是一个不断发现自我、完善自我的过程。机关工作头绪多，任务繁重，需要我们这些基层公务员不断给自己充电，与时俱进。我不敢说自己是一个成功的人，往往会自嘲已经到了儿时羡慕的年纪，却没有成为儿时羡慕的那种人。但我对每一份工作都有一个明确的目标：不论今后身在何处，只要是我工作过的行业，我都会尽力去了解它。所以我很欣慰自己在毕业后的每一年里都有成长和进步，有了房、有了车、有了爱人，也有即将降临的孩子。我很感谢曾经的每一份工作和遇见的每一个人，感谢社会这个大学堂教会了我乐观、积极、勤恳、善于适应、富有责任心……我会耐住寂寞、守住清贫，认真务实地把工作做好。

我繁繁杂杂地说了这么多，也没有道出个所以然来，只是把我曾经历过的都告诉了大家。但这绝对不是一碗心灵鸡汤，真心希望能够给有共鸣的学弟学妹们一些启发。

【案例三】

思想政治教育专业 2009 级 C 同学就业经验分享
就职单位：某汽车系统有限责任公司

这周一，我的手机上收到了一条推送消息："祝贺您入职××已经三年了。"我都没意识到时间过得这么快。回头一望，我依然觉得象牙塔里的生活是美好的，而社会大学则充满了挑战。在这三年的工作经验中，我意识到专业技巧部分并不总是具备指导意义。因此，我更愿意分享一些抽象的经验和教训。

一、就业还是读研？

就业还是读研？这其实是一个伪命题。很多人在并没有清楚地理解就业和读研各自追求的目标时就在思考这个问题。实际上，除了极少数的专业和学科外，大多数专业都需要广泛参与社会协作才能真正转化为生产力。如果只是因为留恋校园生活，如果只是期望学历能成为进入职场的通行证，如果只是因为不知道自己想做什么工作而选择读研，那么这实际上是在浪费时间。

我既不反对读研，也不盲目迷信读研。工作三年来，我实际上是在对自己的理论和实践之间的脱节进行查漏补缺，意识到自己还有很多需要学习的知识。我也准备在时机成熟时踏上读研之路。所以，我想表达的是，读研和求职并不是对立的两面。记得上学时，有一位老师跟我们说过："可以不上课，但不能不学习。"在做决定之前，要清楚自己的真正需求。选择读研时，要记得在完成学业之余了解社会、锻炼自己；选择就业时，即使工作繁忙，也要坚持读书和学习。

二、关于求职

就像大学里有各种专业一样，职业同样繁多，从不同角度分类可以分出成百上千种。仅就我了解到的皮毛，我喜欢把职业分为几个阶段：工作阶段、专业阶段和生涯阶段。目前我所处在的就是一个工作阶段。这个阶段除了平台是否足够宽广以外，没有什么需要斤斤计较的。大多数人需要在社会大学里恶补自己没能在象牙塔里学到的本事。待羽翼渐丰时，无论出于成家立业还是职业前景，人们会选择向上跳跃，这是选择领域纵向挖掘的开始。毕竟不管做着什么行当，只有业内驰名才能分到更多的资源。这个阶段更多的是追求价值的印证和留下痕迹，很遗憾，这点并非所有人都能做到。

目前我所处的行业是制造行业，对于从西南政法大学毕业的本科学生而言，这看起来像是走投无路之举，所以我只能在脑海中搜索一些不太具体的普遍经验来分享。

简历是个门面，脏乱差的门口没人想进。门面很重要，但门面不在于装帧豪华或指点江山激扬文字，而在于你想让招聘者了解什么。想清楚你中意的企业究竟需要什么样的人，做好背景知识了解后再动手写简历。

接下来是学历，这个对于本科生和研究生都是一样的。学历说到底是象征着一个人接受了怎样的环境熏陶，也是对基本学习认知能力的肯定。有驾照未必会开车，但没有驾照肯定上不了路。学历敲开了门，但并非高大上的学历就能征服招聘者。你对自己的专业了解多少？你觉得你的所学能在企业如何运用？如果回答不了这两个问题，学历也就真的成了大学学费的收据了。

让求职者认识你。遵守时间、仪容整洁、表达从容，虽然紧张是正常的，但其实没什么可紧张的。就当是认识一个朋友介绍的朋友，把自己积极、吸引人的一面展现出来即可。只要前期工作充分，面试时越轻松越好。

最后，在入职之后就已经不是求职经验的范畴了，不过还是想多说几句：别嫌钱少，你能给企业创造多少利润，你就能拿到多少钱，涨幅才能证明你的价值；别嫌活儿累，就我亲身经验来讲，一个政法大学的毕业生进入制造行业，优势一时半会儿没有用武之地，需要弥补的短板很多。为了熟悉生产制造知识，入职的头两个月我在生产线做了两个月操作工，每天站立工作 11 个小时，学历文凭就先放一放。

到现在，我对我的产品不敢说精通，但至少不比工科同事差。别怕犯错，试错是最迅速的经验积累，犯错了挨骂是强化记忆、日后防错的有效手段。最重要的一点，保持健康的身体和心理状态，不管多忙多累，坚持锻炼，学会减压，拼到最后，身体的耐力和爆发力这种最原始的比拼，会成为成功的最后砝码。

希望这些不成熟的经验能对各位学弟学妹有所帮助。

【案例四】

思想政治教育专业 2011 级 D 同学就业经验分享
就职单位：某县税务局

有人说，"含泪播种的人一定能含笑收获"，我曾对此表示怀疑。因为在漫长的司法考试道路上，我含泪播下了无数艰辛的种子，最终却只收获了铩羽而归的落寞背影，连最基本的过级分数都未达到，这让我感到了些许失落、失望和不知所措。在得知司法考试成绩几天后，在一位朋友的鼓励下，我踏上了考取公务员的求职之路。

工作半年后，回顾这一路的经历，我感到相对轻松自在。对于公务员考试，我并没有遇到太多曲折。我想这都归功于一个坚定的信念：一旦选择了目标，就要不顾一切地朝着它奔跑。"考公"成功后，我终于深刻理解了"含泪播种的人一定能含笑收获"的深层含义：努力了不一定能成功，但成功一定需要努力。对于公务员考试，我对师弟师妹们有三点建议：

第一，报名时职位和地区的选择至关重要，这直接关系到最终能否一次性成功。虽然公务员考试看似是一个双向选择的过程，但实际上更多是用人单位在选择求职者。我们个人能做的，主要是做好充分的复习和心理准备。在每年的国家公务员考试中，大多数招考职位对专业、学历和基层工作经验的要求都比较严格。特别是像国税和海关这样的热门职位，对专业的限制尤为严格。而级别较高的国家部委和省级部门，则更加注重基层工作经验和学历。因此，我们在选择职位时常常会遇到这样的问题：有些职位虽然与我们的专业对口，但却要求研究生学历；而那些只要求本科学历的职位，又往往需要两年的基层工作经验。这给我们的职位选择带来了不小的困扰。所以，当我们发现有一个职位完全符合自己的所有条件时，会感到非常欣喜，并下定决心一定要争取到这个职位。

接下来要考虑的是地区选择问题。同样的职位在不同地区都有招聘，例如我报考的人事教育部门，全省的各县和区都有招聘名额。这样，我们又面临一个问题：热门地区的报考人数肯定很多。这就要求我们进行二次选择，即在选定职位后再选择地区。地区选择应根据自己的意愿进行，如果能够与家人达成共识，那么准备考试的过程会更有动力。

第二，报名审核通过后，全身心投入笔试准备是必要的，关键是要心无旁骛。这里的"心无旁骛"是指要保持淡定，尤其是在身边的同学们都在忙碌于各种招聘会，甚至有些已经签约工作时，能够保持冷静、专心复习确实有些难度，因此需要更加坚定的意志。

对于笔试环节，行政职业能力测验（行测）并不需要在每个部分都花费大量时间复习和练习，主要精力应该集中在自己不擅长的模块上。例如，数量关系和资料分析是我的薄弱环节，所以我将重点练习这些部分。对于文科生来说，常识判断可能不是大问题。至于逻辑推理和语言理解，由于学校普遍开设了相关课程，我们有一定的优势。申论部分，由于我们有必修课和选修课的背景，也有一定的优势。每一次课堂上的练习都应该认真对待，不仅要思考，更要动手写，这样不仅能锻炼思维，还能提高书写能力。

行测和申论通常会在一天之内考完。在行测考试中，很少有人能完成所有题目，因此进行必要的取舍是很重要的。否则，时间用完了，题目还没做完，尤其是会做的题目都没完成，那就太遗憾了。申论考试时，可以适当提高写字速度，因为要在两个半小时内完成思考并将内容规范地写下来，这确实是个挑战。平时可以多练习，以提高速度和质量。平时练习申论时，不能只思考不写，要养成写作的习惯，这样在考试时才能流畅地表达。此外，建议决定考公务员后，多浏览半月谈、人民网等网站，关注专栏记者和评论家对时事政治的看法和评论，这对申论的准备非常有帮助。

第三，面试准备。首先需要强调的是，一旦进入面试环节，就不必过分关注自己的笔试成绩。国家公务员考试的最终成绩计算公式为：最终成绩＝（笔试成绩÷2）×50％＋面试成绩×50％。由此可见，笔试成绩的优势并不明显，而面试成绩的权重则大得多。因此，即使笔试成绩不理想，也不要认为自己没有机会，逆袭是完全可能的。

国考的面试形式有多种，不同部门的面试方式也不尽相同。省级及以上部门主要采用无领导小组讨论的形式，而副省级及以下部门则主要采用结构化面试方式。考生应根据自己的报考职位进行相应的准备。在准备面试时，建议多浏览相关公务员考试培训机构的官方网站，它们提供了非常详尽的面试流程和内容讲解。

最重要的是，我们要通过模拟面试来了解面试流程，找到面试的感觉和气场。公务员面试并非想象中的高不可攀，而是涉及许多日常生活中经常遇到的问题。平时每个人都能轻松地说出一二三点，但在面对五个或七个面试官以及两个记分员时，许多人可能会感到不知所措。因此，模拟演练至关重要。至于是否参加培训班，应根据个人情况来决定。但需要指出的是，培训班主要是通过模拟面试和实战演练来培养面试时所需的气场。如果不参加培训班，可以请同学、老师或家人帮忙进行模拟，让自己逐渐适应面试的氛围。此外，建议抓住每一个在公共场合发言的机会，不要过分在意自己说得好不好，关键是要敢于表达。

作为过来人，我想对有志于参加公务员考试的师弟师妹们说，工作半年后回想起这个过程，依然清晰如昨。希望你们在求职过程中保持乐观向上的积极心态，认识到考公务员是毕业生的一个不错选择，但并非唯一的就业途径。不要过于固执，认为非公务员或事业单位不去。这样的想法不应该出现在每一个理性的大学生脑海中。

【案例五】

思想政治教育专业2012级E同学就业经验分享
就职单位：某县税务局

我总结公务员考试的经验就是：熟能生巧。无论是笔试还是面试，都需要大量的练习，尤其是通过真题来提高。对于行政职业能力测验（行测），一开始可以通过教材来熟悉各种题型，然后在考试前一两个月开始练习真题，并且一定要掐时间，即模拟实际考试的时间限制，通常是两个小时，以此来评估自己的水平。练习结束后，要认真对答案，总结经验。申论也同样重要，小题要完整地写一遍，写完后对照参考答案进行完善。对于大作文，至少要明确框架结构和提纲。

行测：大多数人无法在两小时内完成所有题目，因此，一个好的策略是先做自己最有信心的题目，在有限的时间内尽可能多地得分。做题的顺序非常关键，建议先从自己擅长的部分开始，不要在某一题目上耗费过多时间。如果遇到不会的题目，可以先跳过，学会适时放弃。

资料分析和数量关系的题目分值较高，应尽量争取得分，不要因为畏惧困难而轻易放弃。平时应多练习数学题目，提高对数字的敏感度和解题速度。实际上，这些题目并不难，对于大学生来说，完全有能力解答，关键在于提高解题的速度和效率。这就需要大家在平时多加练习和计算，要有信心。在言语理解部分，要准确把握题干的意图。例如，选词填空可以通过排除法，将四个选项分别代入语境中，排除那些不合适或不妥当的选项。片段阅读则要找出关键词和关键句，如首句、尾句、转折点等。逻辑推理部分，应多阅读教材，学习并掌握各种方法和技巧，如充分必要条件、联言命题等，理解并掌握其中的规律。常识判断题目的分值相对较低，可以快速作答，知道答案的直接选择，不确定的则猜测一个答案，不要在这部分浪费太多时间。

申论：申论考试的核心在于从给定材料中提炼和概括答案。对于小题，应该分点阐述，例如第一点、第二点、第三点，并且使用简洁的语言进行总结。大多数答案可以直接从材料中找到，或者根据材料的含义进行归纳和概括。大作文部分也应该紧密围绕材料的主题，按照"是什么、为什么、怎么办"的逻辑框架来展开，详细阐述材料主题所反映的问题或现象，分析产生这些问题或现象的原因，探讨它们的意义或可能造成的危害，并提出解决问题的方法。同时，也要注意避免过于依赖模板，应融入个人的特色和深入思考。

面试：对于面试准备，可以选择报名培训班，通过培训老师的指导来学习不同题型的解题思路。在练习时，可以在纸上迅速记录下提纲和要点，然后大声地说出来。你可以请同学、朋友或家人扮演考官的角色，也可以对着镜子练习。重要的是要真正地说出来！只有完整地表达出每个问题的答案，你才能练习流畅度、语速和音量。不要仅仅在脑海中思考，因为思考和口头表达之间存在很大差异，只有通过说出来，你才能发现自己的不足。在实际考试中，要保持自信，注视考官，并尽量保持微笑，同时确保你的发言清晰且响亮。

报岗位：可以尽量选报名人数少的、竞争没那么激烈的岗位，胜算大一些，考上了总比考不上好。

现在是大三并且有意向参加国家公务员考试的同学可以开始准备了。要珍惜时间，国家公务员考试并没有想象中那么难，而且很多岗位是限定应届毕业生报考的，所以你们具有一定的优势。

【案例六】

思想政治教育专业 2014 级 F 同学考研经验分享
读研高校：某大学

刚踏入大学校园时，我还是一个稚嫩、迷茫的新生，不清楚自己的方向。那时，我暗自下定决心：我要成为敢于追梦的新时代青年！四年的大学生活如同一场试炼，我凭借敢于拼搏的勇气、脚踏实地的态度和坚韧不拔的意志，一步步实现自己的目标，坚持不懈地追逐着自己的梦想。

一、勤奋踏实，稳中求进

我对自己的学习要求一直很严格：上课时认真听讲，勤于做笔记，喜欢与老师互动交流，课后及时复习，经常去图书馆借阅任课老师推荐的书籍。尽管有些同学可能觉得本专业的课程内容枯燥，我却对专业课程充满兴趣，总能发现吸引我的点，并且享受沉浸在文史哲书籍中的时光。到了大二，我意识到自己对思想政治教育专业的热爱，并设定了成为高校思想政治理论课教师的职业目标。虽然父母和老师都很支持我，但也有些质疑和反对的声音，他们认为我的目标不现实，觉得我难以实现。这时，一位任课老师的鼓励为我驱散了迷茫："加油！你所学的一切都将塑造你的性格，坚持你的坚持！"他的鼓励坚定了我的目标。通过不懈的努力，我在学习成绩上取得了显著进步，六个学期共获得六次奖学金，包括三次一等奖学金和一次二等奖学金，加权平均成绩为88.38。

同时，我也在学术科研上下了不少苦功。大三这一年对我来说非常辛苦和煎熬，我常常早上六点多就离开宿舍，直到深夜接近凌晨才从自习室返回。我深刻体会到了在学术探索中孤独前行的寂寞，但经过不懈的努力，我撰写的学术论文被一家刊物刊发。我积极向老师学习并请教，参与了重庆市教委和教育部项目的资料搜集和问卷设计工作。积累了一定的经验后，我开始独立参与校级科研项目，担任了《大学生社会主义核心价值观认同现状研究——基于对重庆市五所高校的考察》的项目负责人，并且是《程颢的仁学思想及其现代性意义——基于〈识仁篇〉的分析》项目成员。

二、勇于尝试，敢于创新

我是那种敢于尝试新事物的人，兴趣爱好广泛，包括读书、写作和演讲，尤其对英语情有独钟。我认为大学是一个崭新的起点，它提供了更广阔的平台和更多宝贵的机会。因此，我没有放弃自己的兴趣爱好，而是继续培养和发展它们。在课余时间，我积极参与各类竞赛，将每一场比赛视为全新的挑战，以积极乐观的态度面对，并在比赛中取得了优异的成绩。

2015年5月，我报名参加了全国大学生英语竞赛，经过初赛和决赛的激烈角逐，最终荣获非英语专业组一等奖。此后，我继续积极参与各类竞赛，并赢得了多项奖励。在校园生活中，我致力于提升自己的综合素质，荣获了重庆市"三好学生"和西南政法大学"三好学生"等荣誉。

每一次站在领奖台上的喜悦都是台下辛勤训练和认真准备的结果，其中包含了许多辛酸和挑战。我并不是每次都能赢得比赛，也经历过许多失败，深知失败带来的苦涩。我明白成功不是轻而易举的，梦想也不会轻易实现。但我仍然愿意尝试，抓住每一个宝贵的机会，因为不尝试就永远不知道自己是否能够成功。因此，我乐于接受每一次失败后的苦涩，因为我相信在失败的背后隐藏着成功的喜悦。只要我坚持不懈，终有一天能够看到希望的曙光。

　　人生因奋斗而美丽，青春因拼搏而精彩！我会继续大步向前，力求新的突破与进步，用努力的汗水去浇灌梦想之花。因为我始终坚信：拥有梦想只是一种智力，实现梦想才是能力。

参考文献

一、图书

[1] 石玉平，杨福荣，刘刚. 思想政治教育专业创新型人才培养模式探索与实践[M]. 北京：中国社会科学出版社，2017.

[2] 教育部思想政治工作司，全国高校思想政治教育研究会. 思想政治教育学科设立30周年：高校思想政治教育创新发展研究[M]. 北京：中国书籍出版社，2015.

[3] 李合亮. 解构与诠释：思想政治教育的基本问题研究[M]. 北京：人民出版社，2015.

[4] 白显良. 思想政治教育的马克思主义理论基础研究[M]. 北京：人民出版社，2014.

[5] 中共中央党史和文献研究院. 习近平关于社会主义文化建设论述摘编[M]. 北京：中央文献出版社，2017.

[6] 宋锡辉，桂石见，钱明辉，等. 现代思想政治教育专业建设研究——以师范类本科专业为对象[M]. 北京：人民出版社，2010.

[7] 罗洪铁，周琪，王斌，等. 思想政治教育学科理论体系演变研究[M]. 北京：中国社会科学出版社，2012.

[8] 陈秉公. 思想政治教育学原理[M]. 北京：高等教育出版社，2006.

[9] 吴满意. 高校网络思想政治教育学研究[M]. 成都：电子科技大学出版社，2006.

[10] 傅治平. 理论强党 思想富国——学习胡锦涛十六大以来重要论述[M]. 北京：人民出版社，2007.

[11] 裴云. 破茧：思想政治教育专业改革研究[M]. 北京：经济日报出版社，2016.

[12] 张耀灿. 现代思想政治教育学[M]. 北京：人民出版社，2006.

[13] 习近平. 决胜全面建成小康社会 夺取新时代中国特色社会主义伟大胜

利——在中国共产党第十九次全国代表大会上的报告［M］. 北京：人民出版社，2017.

［14］张澍军. 思想政治教育学科建设研究［M］. 北京：人民出版社，2014.

［15］陈红雨，赵瑞瑞. 看就业、挑大学、选专业：高考志愿填报手册2016年版［M］. 北京：化学工业出版社，2016.

［16］梅友松. 地方高校人才培养机制改革与实践［M］. 北京：科学技术文献出版社，2015.

［17］肖建国，李宏刚，陈权. 新时代高校思想政治教育工作实效与方法研究［M］. 北京：人民出版社，2023.

二、报纸

［1］习近平. 高举中国特色社会主义伟大旗帜 为全面建设社会主义现代化国家而团结奋斗——在中国共产党第二十次全国代表大会上的报告［N］. 人民日报，2022－10－26（1）.

［2］中国共产党重庆市第六届委员会第二次全体会议决议［N］. 重庆日报，2022－12－22（1）.

［3］中共中央 国务院. 关于加强和改进新形势下高校思想政治工作的意见［N］. 人民日报，2017－02－28（1）.

［4］信息金. 加快构建高校大思政体系［N］. 光明日报，2023－02－28（14）.

［5］王先林. 建设法治中国该如何培养法律人才［N］. 解放日报，2014－11－13（7）.

［6］刘志远. 以更有力的支持托举青年人才［N］. 光明日报，2023－3－3（7）.

［7］赵忠. 提高经济增长的就业带动力［N］. 光明日报，2023－3－6（13）.

［8］孙楚航. 着力推动思想政治工作贯通人才培养体系［N］. 光明日报，2023－2－14（6）.

三、期刊

［1］王顺洪. 以高质量发展书写中国式现代化的高等教育答卷［J］. 中国高等教育，2022（24）：1.

［2］贺祖斌. 中国式现代化指引高等教育体系的构建［J］. 中国高等教育，2022（24）：4－6.

［3］程开华. 高校思想政治教育学科社会服务论析［J］. 学校党建与思想教

育，2022（17）：20-22.

[4] 白显良. 人才培养视野中的思想政治教育学科定位——再论思想政治教育的学科定位［J］. 思想理论教育，2008（1）：42-47.

[5] 佘双好，马桂馨. 新时代党的思想政治教育理论创新及时代价值［J］. 学校党建与思想教育，2023（7）：1-5.

[6] 帅刚，陈志铖，张海燕. 思想政治教育专业人才培养探论——以中国民航飞行学院实践为例［J］. 中学政治教学参考，2022（36）：80-82.

[7] 杨威，陈毅. 新时期思想政治教育专业人才培养体系的思考［J］. 思想教育研究，2018（6）：23-27.

[8] 宇文利. 论思想政治教育学的交叉性［J］. 思想理论教育导刊，2009（8）：27-31.

[9] 张耀灿，孙清华. 思想政治教育学科建设规律性探索与遵循［J］. 教学与研究，2022（12）：74-82.

[10] 王学俭，郭绍均. 思想政治教育本质问题再探讨［J］. 教学与研究，2012（12）：61-67.

[11] 邓天丽，严佩升. 地方本科院校应用型文科专业的特色发展之路——以昭通学院思想政治教育专业为例［J］. 太原城市职业技术学院学报，2018（3）：111-113.

[12] 石书臣. 正确把握思想政治教育本科专业的学科支撑［J］. 中国高等教育，2014（8）：15-18.

[13] 隋牧蓉. 试析思想政治教育学科有效知识供给的不足与增进［J］. 学校党建与思想教育，2017（3）：23-27.

[14] 项久雨. 创造美好生活的思想政治教育［J］. 思想理论教育，2023（1）：46-52.

[15] 熊建生，尚晓丽. 论思想政治教育内容的美好向度［J］. 思想理论教育导刊，2022（11）：112-118.

[16] 李辉. 关于提升思想政治教育专业人才竞争力的思考［J］. 思想教育研究，2019（3）：33-36.

[17] 孙其昂，叶方兴. 论思想政治教育的社会性［J］. 学校党建与思想教育，2013（4）：8-11.

[18] 孙其昂. 对思想政治教育本科专业特殊性的审视［J］. 思想理论教育，2016（7）：26-32.

[19] 李辉. 思想政治教育学科发展性探析［J］. 教学与研究，2022（12）：

83—92.

[20] 吴红. 着眼立德树人形成更高水平的高校人才培养体系[J]. 中国高等教育, 2023（7）：37—40.

[21] 郭峰. 全面提高人才自主培养质量的时代价值与实践路径[J]. 中国高等教育, 2023（9）：53—56.

[22] 徐蓉, 张飞. 新文科视域下推进思想政治教育学科建设的思考[J]. 思想理论教育, 2023（5）：62—68.

[23] 赵继伟. 系统推进思想政治教育现代治理论略[J]. 学校党建与思想教育, 2022（23）：35—41.

[24] 卢岚. 思想政治教育数字化转型的现实基础与行动框架[J]. 思想理论教育, 2023（5）：12—19.

[25] 王丽鸽. 思想政治教育数字化发展的生成动因、态势特征与创变展望[J]. 思想理论教育, 2023（5）：20—25.

[26] 朱宏强. 思想政治教育专业课程建设中的供给与需求[J]. 学校党建与思想教育, 2021（5）：13—16.

[27] 宇文利. 中国式现代化视域下新时代思想政治工作现代化的进向[J]. 思想理论教育, 2023（5）：55—61.

[28] 陈一新. 深入学习贯彻党的二十大精神加快构建新安全格局[J]. 中国信息安全, 2023（4）：18—22.

[29] 朱耀斌. 党的思想政治工作与社会主义和谐社会构建——基于一种历史的考察分析[J]. 湖北社会科学, 2006（11）：18—21.

[30] 郑永廷, 田雪梅. 社会治理与思想政治教育的发展[J]. 思想理论教育, 2017（6）：10—15.

[31] 马超. 思想政治工作作为治党治国重要方式的实践着力点[J]. 思想理论教育导刊, 2022（11）：147—153.

[32] 张毅翔. 思想政治工作整体性发展的逻辑必然与体系建构[J]. 思想理论教育导刊, 2022（11）：140—146.

[33] 康秀云, 郗厚军. 关于思想政治教育专业本科课程设计的几点思考[J]. 思想理论教育, 2015（9）：66—70.

[34] 孙其昂. 思想政治教育的转型发展及挑战[J]. 学校党建与思想教育, 2017（15）：17—21.

[35] 刘望. 以特色强本色：新时代地方高水平大学建设之道[J]. 中国高等教育, 2022（19）：13—14.

［36］范明献，肖雪. 学科交叉与协同融合：新文科背景下的研究生培养模式改革［J］. 中国高等教育，2022（24）：53-55.

［37］杨立英. 新文科视域下创新创业人才培养机制构建［J］. 中国高等教育，2023（Z1）：65-68.

［38］陈天柱，郑文杰，冉勇，等. 思想政治教育专业应用型人才培养模式的重构思考——以乐山师范学院为例［J］. 乐山师范学院学报，2015，30（3）：136-140.

［39］李春梅，林伯海. 新文科战略背景下思想政治教育专业建设的探索与实践［J］. 学校党建与思想教育，2022（17）：12-16.

［40］刘新波，程荣晖. 行业特色型高校高质量人才培养的探索与实践［J］. 中国高等教育，2022（23）：37-39.

［41］康秀云，郄厚军. 试论马克思主义理论学科人才培养供给侧改革［J］. 思想政治教育研究，2016，32（2）：18-23.

［42］石雁. 法治教育中的思想政治教育渗透［J］. 思想教育研究，2013（2）：86-89.

［43］倪素香，靳文静. 思想政治教育专业发展的现状与未来——第四届思想政治教育本科专业协同建设研讨会综述［J］. 学校党建与思想教育，2016（11）：90-93.

［44］白显良. 彰显思想政治教育学科综合性需把握的几重关系［J］. 思想理论教育，2016（7）：57-62.

［45］梁超锋. 思想政治教育专业课程建设若干问题研究［J］. 学校党建与思想教育，2021（5）：9-12.

［46］汤桢子，佘双好. 思想政治教育专业发展的新境遇与建设对策——一项基于武汉大学和部分高校思想政治教育专业就业状况的研究［J］. 思想教育研究，2019（5）：27-33.

［47］唐慧玲，张丽. 思想政治教育专业实践育人教学改革研究［J］. 学校党建与思想教育，2021（1）：42-44.

［48］李安增，刘洪森. 高师思想政治教育专业课程体系改革的原则与思路［J］. 社科纵横，2012，27（4）：151-153.

［49］代玉启. 思想政治教育参与社会治理的路径优化［J］. 思想理论教育，2017（6）：23-26.

［50］冯刚. 增强新时代思想政治教育专业人才培养的内在动力［J］. 学校党建与思想教育，2021（5）：4-8.

[51] 侍旭. 地方应用型高校在推进中国式现代化中的使命担当[J]. 中国高等教育, 2023 (11): 24-27.

[52] 佘双好, 于欧. 新历史条件下思想政治工作发展的风向标——学习习近平总书记关于思想政治工作的论述[J]. 学校党建与思想教育, 2017 (15): 13-16+21.

[53] 王皓. 简论思想管理的涵义、特征和本质[J]. 理论月刊, 2004 (8): 103-105.

[54] 杜兴艳, 王小增, 陈素萍. 大学生职业规划教育对就业稳定性的影响研究——以某校毕业生麦可思调查数据为例[J]. 北京航空航天大学学报(社会科学版), 2021, 34 (5): 134-138.

[55] 李丽. 构建思想政治教育视域下的大学生职业生涯规划辅导体系[J]. 思想政治教育研究, 2012, 28 (2): 87-89.

[56] 乔桂萍. 大学生职业规划教育体系及相关问题分析[J]. 文教资料, 2021 (8): 137-138.

[57] 鲁璇. 大学生职业规划的价值偏差与完善路径[J]. 教育现代化, 2018, 5 (43): 211-212.

[58] 应金萍. 改革开放以来我国高校就业的阶段特点及经验启示[J]. 中国高等教育, 2019 (5): 57-59.

[59] 王战军, 张微. 增强紧迫感加快建设研究生教育强国[J]. 中国高等教育, 2023 (1): 30-33.

[60] 李小年. "扎根—融通—铸魂"创新创业教育生态体系构建与探索[J]. 中国高等教育, 2022 (19): 15-17.

后　记

本书由西南政法大学马克思主义学院朱海嘉、高建民、陈青山三位教师组织人员编写而成。其中，朱海嘉副教授负责撰写前言、第一章、第二章第一节，陈青山博士负责撰写第二章第二节，陈青山博士、甘鸿（广西师范大学马克思主义理论学科博士研究生）负责撰写第二章第三节、第四节，朱海嘉副教授、高建民副教授负责撰写第三章第一节，朱海嘉副教授与李奎莹庭、聂红（西南政法大学思想政治教育专业毕业学生）负责撰写第三章第二节与第三节（该节内容的相关资料由重庆市高校一流本科课程示范案例负责人、西南政法大学马克思主义学院耿密副教授提供），高建民副教授、朱海嘉副教授与赵青青、赵定梅、殷美玲（西南政法大学马克思主义理论学科硕士研究生）负责撰写第四章第一节、第二节、第三节。附录由西南政法大学马克思主义学院学工办原主任潘清莹老师提供。参考文献由赵青青负责梳理归纳。朱海嘉副教授负责统筹全书的章节策划与审改工作。

西南政法大学马克思主义学院耿密副教授、白勤教授、金家新教授、王若宇博士、崔燕博士等教师为本书部分内容提供了参考意见，做出了贡献，在此一并致谢。西南政法大学党委书记樊伟教授、马克思主义学院原院长文学平教授、院长商爱玲教授、李勇成书记、原副院长樊美勤副教授等党政领导对本书的选题构想、出版经费与写作进程给予了关心与支持，一并致谢。

编著者

2024 年 8 月 25 日